Wolfgang Donatus

GOLFREGELN PRAKTISCH

IMPRESSUM

Wolfgang Donatus
GOLFREGELN PRAKTISCH

Bestelladresse:
DORO BUCHSERVICE
Schieferberg 9
31840 Hess. Oldendorf
Tel.: 05152 - 954960
Fax.: 05152 - 954961

ISBN 3-00-000807-1

Schriftsatz und Graphik
Wolfgang Donatus

Druck und Herstellung
CW NIEMEYER GmbH
Hameln

Titel Werbeatellier
POLKEHN Hameln

WOLFGANG DONATUS

GOLF REGELN PRAKTISCH

leichtverständlich

mit

Anwender-Kurzfassung
Standard- und Vorgabensystem
Sachwortbegriffe

2. Auflage 1997

Denen, die mir geholfen,
und denen, die durch dieses Buch
mehr Freude am Spiel haben.

Vorwort

Das in Jahrhunderten gewachsene Regelwerk ermöglicht, überall chancengleich Golf, dieses einmalige Spiel , zu spielen.

Mit der Anwendung der Regeln haben aber selbst Fortgeschrittene ihre Probleme und das liegt nicht allein an der Kompliziertheit der Regeln.

Die Regelbücher, die auf dem Markt sind, brachten auch mich in den ersten Jahren nicht weiter. Speziell in konkreten Situationen auf dem Platz verwirrten sie oft mehr als sie aufklärten.
Und wer kennt die Situation nicht, daß nach dem Turnier ein Vorkommnis diskutiert wird, auf das man die regelgerechte Antwort sucht und das Buch zuklappt, wenn man den Querverweisen folgend sich irgendwo verliert.

Also begann ich die Regeln für meinen privaten Gebrauch zu "übersetzen". Meine Club-Kameraden drängten mich bald, diese Idee konsequent weiterzuverfolgen und sie in Buchform auch anderen Golfern zugänglich zu machen.

Nun liegt die "Übersetzung" der Golf-Regeln vor: übersichtlich, in Umgangssprache und einfach in der Anwendung. Ohne hin- und herzublättern kann man in kurzer Zeit die Antwort auf eine Regelfrage finden.

Regelkenntnisse bewahren nicht nur vor unnötigen Strafen, sie sparen auch Schläge ein und machen eine Golfrunde harmonischer.

Mit der Ergänzung aus dem "STANDARD- und VORGABEN-SYSTEM, SACHWORTBEGRIFFEN und einer ANWENDER-KURZFASSUNG rundet diese Ausgabe den "praktischen Golferbedarf" ab. Vom Format her läßt sich das Buch gut mitführen. Der versiegelte Umschlag macht es strapazierfähig.

Ungezählt schöne Golfrunden wünscht Ihnen
Ihr Wolfgang Donatus

INHALT

Teil 1

Teil 2

Erklärungen

Teil 3
GOLFREGELN

Teil 3
GOLFREGELN

Teil 4
Das Standard- und Vorgabensystem

Teil 5
Sachwortbegriffe

Teil 6
Anwender-Kurzfassung

E T I K E T T E

Die ursprüngliche Freude beim Golf kann sich nur voll entfalten, wenn über die Regeln hinaus allgemeine Verhaltensweisen berücksichtigt werden.
Diese werden ETIKETTE genannt.

Zur Sicherheit vergewissert sich der Spieler vor dem Schlag, daß niemand durch seinen Schläger, Ball oder irgend etwas Aufgewirbeltes getroffen werden kann.

Die Rücksicht auf andere Spieler verlangt, daß
- Mitspieler ihren Ball nicht aufsetzen, bevor der Spieler seinen Ball abgeschlagen hat,

- sobald ein Spieler den Ball anspricht, sich niemand bewegt, spricht, dicht bei bzw. in gerader Linie hinter dem Ball oder Loch steht,

- kein Ball gespielt wird, bevor die vorausgehenden Spieler außer Reichweite sind,

- stets ohne Verzug gespielt wird,

- wenn der gesuchte Ball nicht sogleich zu finden ist, den nachfolgenden Spielern ein Zeichen zum Überholen gegeben wird, selbst bevor die fünf Minuten Suchzeit in Anspruch genommen sind,

- sofort nach Beendigung eines Lochs die Spieler das Grün verlassen.

Das Vorrecht auf dem Golfplatz

- haben Zweiballspiele sofern nicht anders bestimmt. Sie haben den Anspruch, daß ihnen unaufgefordert Gelegenheit gegeben wird, jedes Dreiball oder Vierballspiel zu überholen.

- Einzelspieler haben kein Vorrecht und müssen jedes andere Spiel überholen lassen.

- Spieler, die eine volle Runde spielen, haben den Anspruch, jedes Spiel über eine abgekürzte Runde zu überholen.

- Wenn Spieler mehr als ein Loch hinter Vorausspielenden zurückbleiben, müssen sie die nachfolgenden Spieler zum Überholen auffordern.

Zur Schonung des Golfplatzes wird erwartet, daß

- im Bunker vom Spieler verursachte Unebenheiten eingeebnet werden,

- Divots, Pitchmarken, durch Spikes und andere beim Spiel verursachte Schäden unverzüglich behoben werden,

- zur Schonung des Grüns beim Ablegen des Flaggenstocks oder der Golftasche, das Grün nicht beschädigt wird. Auch nicht dadurch, daß sich Spieler - insbesondere beim Herausnehmen des Balls aus dem Loch - auf den Putter stützen,

- der Flaggenstock, vor dem Verlassen des Grüns, in das Loch zurückgesteckt wird,

- bei Übungsschwüngen jede Beschädigung des Platzes - vor allem der Abschläge - durch Herausschlagen von Grasnarben vermieden wird,

- die örtlichen Vorschriften über die Benutzung von Golfwagen streng befolgt werden.

ERKLÄRUNGEN

Abschlag

Mit dem Abschlag beginnt das zu spielende Loch. Er besteht aus einer rechteckigen Fläche. Die vordere und seitliche Begrenzung ergibt sich aus zwei Abschlagsmarkierungen, die Tiefe mißt zwei Schlägerlängen. Für die Begrenzungen gelten die Außenseiten der Abschlagmarkierungen. Außerhalb des Abschlags befindet sich ein Ball, wenn er *ganz* außerhalb liegt.

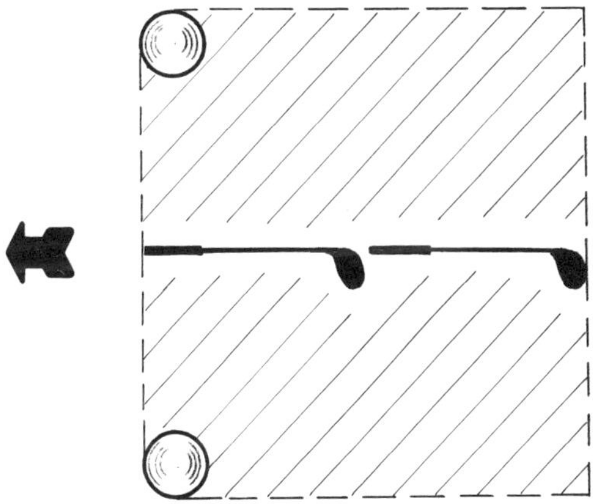

Ansprechen des Balls

Mit dem Beziehen der Standposition und dem Aufsetzen des Schlägers ist der Ball angesprochen.

Im Hindernis hingegen ist der Ball bereits mit dem Beziehen der Standposition angesprochen.

Liegt der Ball in einer unsicheren Lage, kann man sich mitunter einen Strafschlag für die Bewegung des Balls "nach dem Ansprechen" ersparen, wenn man den Ball erst unmittelbar vor dem Schlag anspricht.

Aus

Aus ist die nicht mehr zum Platz gehörende Fläche, auf der nicht mehr gespielt werden darf.

Aus wird durch weiße Pfähle, Zäune oder weiße Linien gekennzeichnet und erstreckt sich senkrecht nach oben und unten. Die Auslinie verläuft auf Bodenebene entlang den (inneren) dem Platz zugewandten vordersten Punkten der Pfosten, d.h. die Markierungen selbst stehen im Aus. Der Ball ist im Aus , wenn er *ganz* im Aus liegt. Der Spieler darf bei der Ausführung des Schlags im Aus stehen.

Ausrüstung

Alles, was vom oder für den Spieler benutzt, getragen oder mitgeführt wird, ist Ausrüstung, einschließlich Golfwagen, gleich ob motorisiert oder nicht. Auch der aufgenommene Ball, der noch nicht wieder ins Spiel gebracht worden ist, ist Ausrüstung.

Benutzen mehrere Spieler einen Wagen gemeinsam, so gilt er samt allem, was er enthält, wenn er abgestellt wurde, als Ausrüstung desjenigen Spielers, dessen Ball betroffen ist. Solange jedoch der Wagen von einem der ihn gemeinsam benutzenden Spieler bewegt wird, gilt er als Ausrüstung des den Wagen bewegenden Spielers.

Nicht zur Ausrüstung des Spielers gehört der Ball, den er am zu spielenden Loch gespielt hat sowie Gegenstände zur Kennzeichnung der Lage des Balls oder von Flächen, auf denen ein Ball fallengelassen werden muß.

Ball eingelocht

Wenn ein Ball innerhalb des Lochrandes zur Ruhe gekommen ist und sich ganz unterhalb der Ebene des Lochrandes befindet, ist er eingelocht.

Ball gilt als bewegt

Ein Ball, der seine Lage verläßt und woanders zur Ruhe kommt, gilt als bewegt.

Ball im Spiel

Sobald ein Spieler auf dem Abschlag einen Schlag nach dem Ball ausgeführt hat, so ist der Ball - bis er eingelocht ist - Ball im Spiel. Sofern er "unterwegs" verloren, Aus ist oder aus anderem Grunde ein anderer Ball zum Einsatz kam, wird dieser Ball nun Ball im Spiel.

Ball verloren

Ein Ball ist verloren, wenn

a. er innerhalb einer Zeit von 5 Minuten, nachdem die Suche danach begonnen hat, nicht gefunden wurde. Die beim Spielen eines falschen Balls zugebrachte Zeit wird auf die Suchzeit nicht angerechnet.

b. der Spieler einen anderen Ball ins Spiel gebracht hat; selbst ohne nach dem ursprünglichen gesucht zu haben, oder

c. der provisorische Ball zum Ball im Spiel wird, indem der Spieler von dem Ort, wo sich der ursprüngliche Ball mutmaßlich befindet, oder von einem Punkt, der näher zum Loch liegt als dieser Ort, einen Schlag mit dem provisorischen Ball gespielt hat.

Belehrung

Jede Art von Rat oder Anregung, die einen Spieler in seiner Entscheidung über seine Spielweise, die Schlägerwahl oder das Verfahren bei einem Schlag beeinflussen könnte, ist Belehrung.

Nicht zur Belehrung zählt die Unterrichtung über Regeln oder allgemein Kenntliches wie die Lage von Hindernissen oder die Flaggenposition auf dem Grün.

Bewegen, bewegt

Ein Ball, der seine Lage verläßt und woanders zur Ruhe kommt, gilt als bewegt.

So hat sich z.B. ein Ball nicht bewegt, wenn er nur wackelnd ins Schwingen gekommen ist und dabei seine Lage nicht verändert hat.

Beobachter

Der Beobachter ist eine von der Spielleitung bestimmte Person, die dem Platzrichter bei der Entscheidung von Tatfragen zur Seite steht und ihm jeden Regelverstoß meldet.

Er soll nicht den Flaggenstock bedienen, am Loch stehen oder dessen Lage kennzeichnen. Ferner auch nicht den Ball aufnehmen oder dessen Lage kennzeichnen.

Bewerber, Mitbewerber

Im Zählwettspiel ist ein Spieler Bewerber. Jeder andere Spieler, der mit dem Bewerber zusammen spielt, ist Mitbewerber.

Keiner ist Partner des anderen, denn Partnerschaft besagt, daß man etwas gemeinsam hat und sich auch gegenseitig hilft.

Boden in Ausbesserung

Boden in Ausbesserung sind Flächen des Platzes, die als solche mit Pfosten oder Linien (in der Regel blau) gekennzeichnet sind. Auch zur Beseitigung angehäuftes Material oder vom Platzpersonal gemachte Löcher gehören dazu, selbst wenn sie nicht besonders gekennzeichnet sind. Pfosten und Linien, die Boden in Ausbesserung kennzeichnen, liegen innerhalb dieses Bodens und erstrecken sich von den Grenzen senkrecht nach unten, aber nicht nach oben. Ein Ball ist bereits *in* Boden in Ausbesserung, wenn er die Grenzen berührt.

Sofern nicht gekennzeichnet, sind abgeschnittenes Gras und andere Materialien, die auf dem Platz liegen und nicht zur Beseitigung bestimmt wurden, nicht Boden in Ausbesserung.
Die Spielleitung kann durch Platzregel bestimmen, daß von Boden in Ausbesserung nicht gespielt werden darf.

Radspuren oder Rillen von Golfplatzgeräten gelten zunächst nicht als "von Platzpersonal gemachte Löcher", können aber von der Spielleitung zu Boden in Ausbesserung erklärt werden.
Da in der Regel die Spielleitung nicht zur Stelle ist, könnte man wie folgt verfahren.

Im Zählspiel: nach Regel 3-2 "Zweifel über Spielweise" einen zweiten Ball spielen und vor dem Einreichen der Scorekarte den Sachverhalt der Spielleitung melden.

Im Lochspiel: das Spielen eines zweiten Balls im Lochspiel ist nicht regelgerecht. Vielmehr könnte man bei seinem Gegner das Einverständnis erfragen, die Rille, in der der Ball liegt, als Boden in Ausbesserung zu betrachten.

Bunker

Ein Bunker ist ein Hindernis in Form einer Vertiefung im Boden, die mit Sand oder ähnlichem gefüllt ist.
Nicht Bestandteil des Bunkers sind grasbewachsener Boden um oder in einem Bunker. Die Grenzen erstrecken sich senkrecht nach unten, aber nicht nach oben. Ein Ball liegt bereits *im* Bunker, wenn er ihn berührt.

Caddie

Der Caddie ist eine Person, die beim Spiel die Schläger eines Spielers trägt oder ihm zureicht und auf sonstige Weise in Übereinstimmung mit den Regeln behilflich ist.
Sofern ein Caddie für mehr als einen Spieler eingesetzt ist, so gilt er stets mit samt der von ihm getragenen Ausrüstung als Caddie desjenigen Spielers, dessen Ball betroffen ist. Es sei denn, der Caddie handelt auf besondere Weisung des anderen Spielers, dann gilt er als Caddie des anderen Spielers.

Ehre

Die Partei oder der Spieler, der als erster vom Abschlag zu spielen berechtigt ist, hat - wie man sagt - die Ehre.
Am ersten Abschlag ergibt sich die Ehre aus der Aufstellung/ Starterliste. Ist eine solche Aufstellung nicht vorhanden, so sollte um die Ehre gelost werden (Tee werfen o.a.m.).
Am nächsten Abschlag hat die Ehre, wer das vorausgegangene Loch gewonnen hat.

Einlochen

Ist der Ball innerhalb des Lochumfanges ganz unterhalb des Lochrandes zur Ruhe gekommen, ist er eingelocht.

Falscher Ball

Falscher Ball ist jeder Ball außer des Spielers

a. Ball im Spiel,
b. provisorischer Ball,
c. bei Zweifel über Spielweise eingesetzter Ball im Zählspiel (Regel 3-3) und gespielter Ball von falschem Ort (Regel 20-7b)

Festgesetzte Runde

Die festgesetzte Runde besteht aus den in richtiger Reihenfolge gespielten 18 Löchern des Platzes, sofern nicht die Spielleitung eine geringere Anzahl bestimmt hat.
Zur Entscheidung bei Gleichstand im Lochspiel darf die Spielleitung eine festgesetzte Runde um soviel Löcher verlängern, wie erforderlich sind, bis das Lochspiel gewonnen ist (Regel 2-3).

Flaggenstock

Der Flaggenstock - auch Fahne genannt - dient zur Anzeige der Lage des Lochs auf dem Grün. Sein Querschnitt ist kreisförmig, mit oder ohne Flaggentuch steckt er in der Mitte des Lochs.

Gelände

Die gesamte Fläche des Platzes, ausgenommen

a. Abschlag und Grün des zu spielenden Lochs; und

b. sämtliche Hindernisse auf dem Platz

ist Gelände.

Grün, Vorgrün

Das Grün ist die Fläche des zu spielenden Lochs, die zum Putten besonders hergerichtet ist.

Wenn ein Ball mit irgend einem Teil das Grün berührt, befindet er sich *auf* dem Grün.

Vorgrün ist eine fast so kurz wie das Grün geschnittene Fläche vor dem Grün; sie gilt nicht als Grün.

Hemmnisse

Hemmnis ist alles Künstliche, einschließlich der künstlich angelegten Oberflächen und Begrenzungen von Straßen und Wegen sowie künstliches Eis. Ausgenommen davon sind jedoch

a. Gegenstände zur Kennzeichnung des Aus wie Pfosten, Zäune, Mauern und Geländer;

b. jeglicher im Aus befindliche Bestandteil eines unbeweglichen künstlichen Gegenstands und

c. von der Spielleitung zum Bestandteil des Platzes erklärte Anlagen (siehe Zählkarte oder Aushang "Platzregeln")

Es wird zwischen *beweglichen* und *unbeweglichen* Hemmnissen unterschieden. So sind

unbewegliche Hemmnisse

- Mauern, Häuser und Schuppen
- Straßen und Wege mit künstlichen Oberflächen
- Teile von Bewässerungsanlagen
- Drahtseile und Pfähle zum Stützen von Bäumen

- künstliche Stützkonstruktionen für Abschläge oder Grüns, Bunkerwände aus Brettern oder Eisenbahnschwellen, sofern nicht durch Platzregel zum Bestandteil des Platzes erklärt.
- Feststehende Entfernungsmarkierungen.
- Hinweisschilder, Fahnenstangen,
- Absitze für Vögel, Ballwäscher.

bewegliche Hemmnisse

- Bänke
- Pfähle, Pfosten
- Harken
- Pappbecher
- Platzpflegewerkzeuge
- Dosen
- Halterungen für Harken
- Zigarettenstummel
- Markierungspfähle (ausgenommen die für Aus-Grenzen)

Hindernisse

Hindernisse sind ausschließlich *Bunker* und *Wasserhindernisse.*

Loch

Das Loch hat einen Durchmesser von 10,8 cm und ist mindestens 10 cm tief. Sofern ein Einsatz benutzt wird, muß die Oberkante mindestens 2,5 cm unter der Grün-Oberfläche liegen.

Lose hinderliche Naturstoffe

Lose hinderliche Naturstoffe sind natürliche Dinge, Bestandteile der Natur: Steine, Äste, Zweige, Blätter, Eicheln, Kot, Würmer, Insekten sowie von ihnen abstammende Haufen etc., die nicht angewachsen, befestigt und fest eingebettet sind und auch nicht am Ball haften. (Auch verdichteter Aushub aus Belüftungslöchern zählt dazu).

Loses Erdreich und Sand zählen nicht zu losen hinderlichen Naturstoffen - ausgenommen auf dem Grün.
Schnee und Natureis (nicht aber Tau und Reif) sind entweder lose hinderliche Naturstoffe oder zeitweiliges Wasser, dies kann der Spieler auswählen.

Nicht zum Spiel gehörig

Alles, was nicht zum Lochspiel bzw. im Zählspiel nicht zur Partei eines Bewerbers gehört, einschließlich Platzrichter, Zähler, Beobachter oder Vorcaddie, ist nicht zum Spiel gehörig.

Wenn zum Beispiel ein Golfball von Fremdobjekten wie Zuschauern, Hunden oder Abfallbehältern abgelenkt wird, sind das Dinge *nicht zum Spiel gehörig.*

Parteien im Lochspiel

PARTEI: Spieler - ein, zwei oder auch mehr - , die Partner sind.

ZWEIER: einer spielt gegen den anderen.

DREIER: einer spielt gegen zwei, aber jede Partei nur einen Ball.

VIERER: zwei spielen gegen zwei, aber jede Partei nur einen Ball.

DREIBALL: drei Spieler spielen gegeneinander, jeder seinen eigenen Ball und jeder Spieler spielt zwei voneinander unabhängige Lochspiele.

BESTBALL: einer spielt gegen den besseren Ball von zwei oder den besten Ball von drei Spielern.

VIERBALL: zwei spielen ihren besseren Ball gegen den besseren Ball von zwei anderen Spielern.

Partner

Ein Spieler, der zusammen mit einem anderen Spieler eine Partei bildet, ist Partner.

Platzrichter

Platzrichter ist eine von der Spielleitung bestimmte Person, die zur Aufgabe hat, Spieler zu begleiten um Regelfragen zu entscheiden. Bei jedem Regelverstoß, ob beobachtet oder gemeldet, muß er einschreiten. Er soll nicht den Flaggenstock bedienen, am Loch stehen oder dessen Lage kennzeichnen und nicht den Ball aufnehmen oder die Lage des Balls kennzeichnen.

Provisorischer Ball

Ein provisorischer Ball ist der Ball, den ein Spieler zur Zeitersparnis vorausschauend ins Spiel bringt, wenn er annehmen muß, daß sein Ball verloren (ausgenommen im Wasserhindernis) oder Aus sein könnte.

Puttlinie

Puttlinie ist die Linie, welche nach der Absicht des Spielers sein Ball nach einem auf dem Grün gespielten Schlag nehmen soll. Sie umfaßt einen angemessenen Abstand beiderseits der beabsichtigten Linie; sie erstreckt sich nicht über das Loch hinaus.

Platz

Platz ist die gesamte Fläche, auf der gespielt werden darf und ist wie nachstehend gezeichnet aufgeteilt

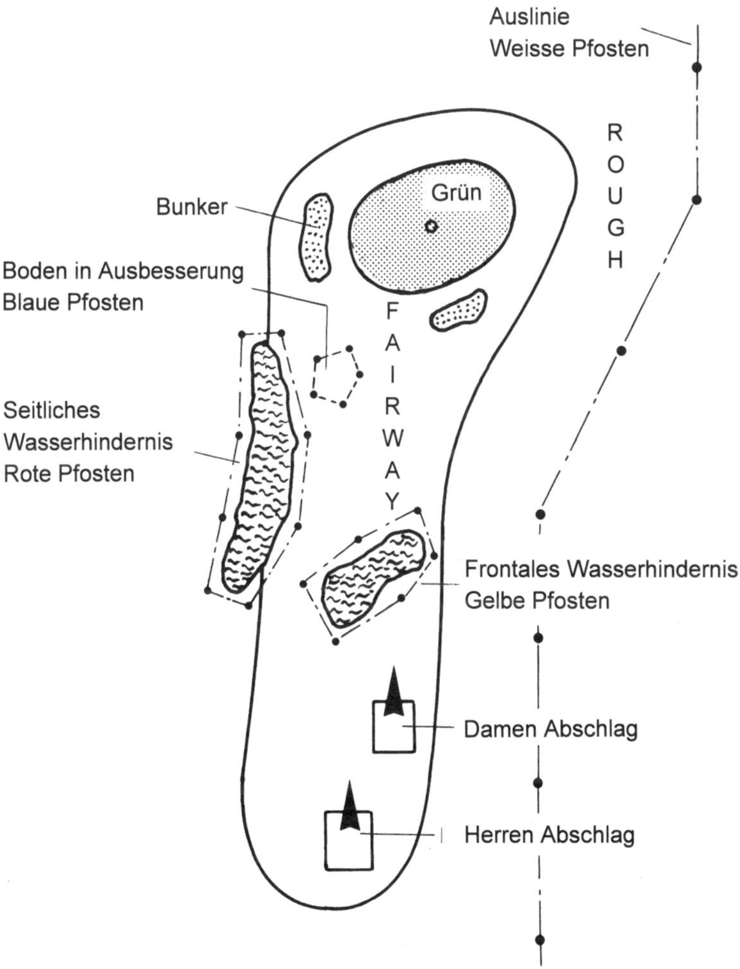

Schlag

Schlag ist die Vorwärtsbewegung des Schlägers in der Absicht , den Ball zu treffen und zu bewegen.
Bricht der Spieler jedoch willentlich die Vorwärtsbewegung vor dem Treffen des Balls ab, so zählt das nicht als Schlag.

Ebenso zählt der aus spieltaktischen Gründen ausgeführte "Luftschlag " nicht als Schlag, wenn nicht die Absicht bestand, den Ball zu treffen. Damit soll zum Beispiel im Vierer verhindert werden, daß der spielstärkere Partner einen schwierigen Schlag ausführt, obwohl er nicht an der Reihe gewesen wäre.

Spielleitung

Der verantwortliche Ausschuß bei Wettspielen ist die Spielleitung. In anderweitigen Fällen der für den Spielbetrieb verantwortliche Ausschuß.

Spiellinie

Spiellinie ist die Richtung, welche nach der Absicht des Spielers sein Ball nach dem Schlag nehmen soll, zuzüglich eines angemessenen Abstandes beiderseits der beabsichtigten Richtung. Sie erstreckt sich vom Boden senkrecht nach oben, jedoch nicht über das Loch hinaus.

Spielzufall

Als Spielzufall gilt, wenn ein in Bewegung befindlicher Ball zufällig durch etwas nicht zum Spiel Gehöriges aufgehalten oder abgelenkt wird.

Standposition

Standposition beziehen ist, wenn ein Spieler in Vorbereitung eines Schlages die Füße in Stellung bringt.

Strafschlag

Strafschlag ist ein Schlag, der einem Spieler oder einer Partei für Vergehen zugerechnet wird. Strafschläge wirken sich im Dreier- oder Viererspiel nicht auf die Spielfolge aus.

Verlorener Ball

Ein Ball ist verloren, wenn er nicht innerhalb von 5 Minuten gefunden worden ist.

Ebenfalls ist der Ball verloren, wenn
a. ein anderer Ball ins Spiel gebracht wurde, ohne daß nach dem Ball gesucht wurde, oder
b. der Spieler einen provisorischen Ball von dem Ort, wo sich der ursprüngliche mutmaßlich befindet, oder näher zum Loch, spielt
c. der Ball nicht identifiziert werden kann (der Ball liegt z.B. hoch oben im Baum, "es könnte eigentlich nur mein Ball sein" genügt nicht).

Beispiele

- Vor Ablauf der fünfminütigen Suchfrist wird der Ball gefunden, nachdem ihn der Spieler aufgegeben hat und gerade zu der Stelle des vorigen Schlags zurückgeht:
Der Spieler darf den ursprünglichen Ball spielen, da noch kein anderer Ball ins Spiel gebracht worden ist.

- Ohne vorherige persönliche Kennzeichnung der Bälle spielen zwei Spieler mit Bällen gleichen Kennzeichnungsaufdruckes (Marke, Zeichen, Nummer) und die Bälle liegen dicht beieinander:
Beide Bälle sind als verloren zu behandeln, da keiner der Beteiligten in der Lage ist, einen der beiden Bälle als seinen eigenen zu erkennen.- Ein weiterer Grund, Bälle mit einem Marker zu markieren.

- Im Zählspiel bricht ein Spieler die Suche nach seinem Ball ab, geht zum Abschlag zurück und spielt einen anderen Ball. Dann wird der ursprüngliche Ball gefunden, der Spieler nimmt den zweiten Ball auf und spielt wieder den ersten:
Nachdem der Spieler den zweiten Ball ins Spiel gebracht hatte, war der ursprüngliche Ball verloren. Drei Strafschläge sind das Ergebnis, nämlich ein Strafschlag für das Aufnehmen des zweiten Balls (Regel 18-2 Ball in Ruhe bewegt) und zwei Strafschläge für das Spielen eines Schlages mit dem ersten Ball (Regel 15-3 Spielen eines falschen Balls).
Wenn der Fehler nicht durch Zurücklegen und Spielen des zweiten Balls behoben worden ist, bevor der nächste Abschlag vollzogen ist, wäre die Strafe Disqualifikation.

Wasserhindernis

Wasserhindernis ist Meer, Teich, See, Fluß oder Graben, wasserführend oder nicht.
Frontale Wasserhinderenisse sind durch gelbe Pfosten markiert, seitliche durch rote.
Ein seitliches Wasserhindernis muß nicht unbedingt seitlich zur Spielbahn verlaufen.
Die Pfosten und Grenzlinien befinden sich *im* Wasserhindernis. Es erstreckt sich von den Grenzen senkrecht nach oben und unten.
Sofern dadurch behindert, können Pfosten (Hemmnis) straflos bei der Ausführung eines Schlags entfernt werden.
Ein Ball liegt bereits *im* Wasserhindernis, wenn er die Grenzlinie berührt.

Die Spielleitung darf durch Platzregel bestimmen, daß von einem Biotop, das als seitliches Wasserhindernis bezeichnet ist, nicht gespielt werden darf.

Zeitweiliges Wasser

Vorübergehende Wasseransammlung auf dem Platz - außerhalb eines Wasserhindernisses - die sichtbar zutage tritt.
Schnee und natürliches Eis sind zeitweiliges Wasser oder lose hinderliche Naturstoffe. Dies kann der Spieler auswählen. Reif und Tau sind kein zeitweiliges Wasser. Kunsteis ist bewegliches Hemmnis.

REGELN

Das Spiel

Grundsätze des Golfspiels Regel 1

Golf spielen ist, einen Ball durch einen Schlag oder aufeinanderfolgende Schläge in Übereinstimmung mit den Regeln vom Abschlag in das Loch zu spielen. 1-1.

Beeinflussung des Balls 1-2.

Außerhalb der Regeln darf kein Spieler oder Caddie irgend etwas tun, um die Lage des Balls zu beeinflussen.

STRAFE FÜR REGELVERSTOSS 1-2.
Lochspiel - Lochverlust; Zählspiel - Zwei Schläge
Bei schwerwiegendem Verstoß darf die Spielleitung
die Strafe der Disqualifikation verhängen.

Übereinkunft über Nichtanwendung von Regeln 1-3.

Spieler dürfen nicht darin übereinkommen, irgendeine Regel nicht anzuwenden oder eine Strafe zu erlassen.

STRAFE FÜR REGELVERSTOSS 1-3
Lochspiel - Disqualifikation beider Partein
Zählspiel - Disqualifikaton beteiligter Bewerber

Durch Regeln nicht erfaßte Einzelheiten 1-4.

Nach "Billigkeit" (Gerechtigkeitsempfinden) ist zu entscheiden, wenn irgend eine strittige Einzelheit durch die Regeln nicht erfaßt ist.

Lochspiel

Regel 2

Zwei Spieler oder Parteien spielen Loch für Loch gegeneinander. Das Loch gewonnen hat der Spieler oder die Partei mit der niedrigeren Schlagzahl, bei gleicher Schlagzahl wird das Loch "geteilt".
Bei unterschiedlichen Vorgaben der Spieler entscheidet das Netto-Ergebnis. Das Spiel ist entschieden, wenn ein Spieler oder eine Partei mit mehr Löchern führt, als noch zu spielen sind.

Jederzeit vor Abschluß von Loch oder Lochspiel darf ein Spieler ein Loch oder das Lochspiel schenken. Außerdem darf der Spieler dem Gegner den nächsten Schlag als eingelocht schenken, wenn der Ball des Gegners zur Ruhe gekommen ist. Die Schenkung muß angenommen und darf nicht zurückgewiesen oder wiederrufen werden.

Entstehen zwischen den Spielern Zweifel oder Streit und kein Befugter der Spielleitung ist binnen angemessener Frist erreichbar, so ist das Spiel ohne Verzug fortzusetzen. Eine Beanstandung wird nur berücksichtigt, wenn sie erhoben worden ist, bevor der Spieler am nächsten Abschlag abschlägt bzw. beim letzten Loch die beteiligten Spieler das Grün verlassen haben. Ansonsten siehe Regel 34 "Entscheidung in strittigen Fällen".

Die unterschiedlichen Vorgaben der Spieler werden entsprechend der Vorgaben der Löcher berücksichtigt.
Beispiel: A mit Handicap 26 hat gegenüber B mit Handicap 23 "drei vor". A erhält diese an den Löchern mit der Vorgabe 1, 2, und 3; nicht an Loch 1-3.

Zählspiel

Regel 3

Im Zählspiel spielt jeder Spieler seinen eigenen Ball. Alle Löcher werden ohne Schenken ausgespielt. Gewinner ist derjenige Bewerber, der die wenigsten Schläge benötigt.
Wird an irgendeinem Loch nicht eingelocht und der Fehler nicht behoben, bevor ein Schlag vom nächsten Abschlag gespielt bzw. am letzten Loch das Grün verlassen ist, so wird der Bewerber **disqualifiziert.**

Bei Zweifel über die Spielweise darf ein Bewerber (*nur*) im Zählspiel **straflos** einen zweiten Ball spielen und muß ankündigen, daß er nach dieser Regel verfahren will und welcher Ball gelten soll.
Sofern die Schlagzahl mit beiden Bällen nicht gleich war, muß der Bewerber vor dem Einreichen der Zählkarte den Sachverhalt der Spielleitung melden.
Wird dies versäumt, erfolgt **Disqualifikation**.

Ein nach dieser Regel gespielter zweiter Ball ist kein provisorischer Ball nach Regel 27-2.

Regelverweigerung. Ein Bewerber wird **disqualifiziert,** wenn er sich weigert, im Zählspiel eine Regel anzuwenden, die eines anderen Bewerbers Rechte berührt.

Die Grundstrafe für Verstoß gegen eine Regel im Zählspiel ist **zwei Schläge** bzw. im Lochspiel Lochverlust, sofern nichts anderweitiges vorgesehen (zum Beispiel **Disqualifikation** bei Üben am Tage des Wettspiels auf dem Wettspielplatz; oder nur **einen Schlag** , wenn der Spieler selbst, Partner oder Caddie versehentlich den Ball eines anderen Spielers bewegen).

Schläger und Ball

Der Royal and Ancient Golf Club of St. Andrew und die United States Golf Association behalten sich vor, jederzeit die Regeln zu ändern sowie Auslegungen zu erlassen und zu ändern, die Schläger, Bälle und anderes Gerät betreffen.

Schläger

Regel 4

Ein Schläger ist ein zum Schlagen des Balls bestimmtes Gerät; ein Putter ist ein vorwiegend zum Gebrauch auf dem Grün gebauter Schläger.

1. Nach Form und Machart muß der Schläger aus Schaft und Kopf bestehen und ein Ganzes bilden. Der Schläger darf nicht veränderbar sein (Außnahme sein Gewicht), und er darf nicht von der herkömmlichen und üblichen Form und Machart abweichen. (Auf weitere konstruktive Ausbildungsmerkmale wie Schaft, Griff, Schlägerkopf und Schlagfläche ist an dieser Stelle verzichtet).

2. Bei Beschädigung eines Schlägers während des normalen Spielverlaufs darf der Spieler für den Rest der Runde den Schläger weiter benutzen oder ihn instandsetzen, ohne das Spiel unangemessen zu verzögern.
Ein Schläger, der aus einem anderen Grund als dem normalen Spielverlauf beschädigt wurde und nicht mehr regelgerecht ist, darf während der Runde nicht mehr gebraucht werden.

3. Die Spieleigenschaften des Schlägers dürfen während der Runde weder durch Abänderung noch auf sonstige Weise absichtlich verändert werden. Verändern sich die Spieleigenschaften im Verlauf einer Runde infolge Beschädigung während normalen Spielverlaufs, so darf der Schläger im veränderten Zustand gebraucht oder instand gesetzt werden, wenn dadurch das Spiel nicht unangemessen verzögert wird.

4. Fremdstoff darf an der Schlagfläche nicht angebracht werden, um die Bewegung des Balls zu beeinflussen.

STRAFE FÜR VERSTOSS gegen vorstehend 1. - 4.
ist **Disqualifikation**

5. Die Höchstzahl von Schlägern ist auf 14 mitzuführende Schläger begrenzt. Jedoch darf der Spieler ohne unangemessene Verzögerung des Spiels bis zur Höchstzahl ergänzen, sofern er mit weniger angetreten ist und jeden Schläger, der während normalen Spielverlaufs spielunbrauchbar wird, durch einen anderen beliebigen Schläger ersetzen.
Schläger dürfen nicht ergänzt oder ersetzt werden, indem irgendein Schläger ausgeliehen wird, den irgendwer, der auf dem Platz spielt, zum Spielen vorgesehen hat.

6. Partner dürfen Schläger gemeinsam gebrauchen, sofern die Gesamtzahl der Schläger, welche die Partner mitführen und sie gemeinsam gebrauchen, 14 nicht übersteigt.

STRAFE FÜR VERSTOSS gegen vorstehend 5. u. 6.

Im Lochspiel für jedes betroffene Loch ein Loch,
höchstens jedoch 2 Löcher pro Runde.

Im Zählspiel für jedes betroffene Loch zwei Schläge
höchstens jedoch vier Schläge pro Runde.

7. Überzählige Schläger sind nach Feststellung des Verstoßes vom Spieler für neutralisiert zu erklären. Sie dürfen anschließend nicht mehr benutzt werden.

STRAFE FÜR REGELVERSTOSS
Disqualifikation

Der Ball Regel 5

a. **Der benutzte Ball muß ein zugelassener Ball sein,** der den Spezifikationen hinsichtlich Höchstgewicht, Symmetrie der Kugelform, Anfangsgeschwindigkeit und Flugweite unter Testbedingungen entspricht. "Markenbälle" erfüllen diese Vorgabe ohnehin. "X-Out-Bälle" gelten als nicht zugelassene Bälle.

b. **Fremdstoff** darf an einem Ball nicht angebracht sein, um damit seine Spieleigenschaften zu verändern.

STRAFE FÜR REGELVERSTOSS
Disqualifikation

c. **Spielunbrauchbar** ist ein Ball, wenn er sichtbar eingekerbt, zerschlagen oder verformt ist. Um dies festzustellen, darf der Ball **straflos** aufgenommen werden, wenn der Spieler seine Absicht ankündigt, den Ball markiert hat und Gelegenheit gibt, den Ball zu prüfen. Versäumt er es, zieht er sich **einen Strafschlag** zu.
Ein anderer eingesetzter Ball ist an die Stelle des ursprünglichen Balls hinzulegen.
Springt der Ball in Stücke, so muß der Schlag **straflos** wiederholt werden.

STRAFE FÜR REGELVERSTOSS
im Lochspiel - Lochverlust
im Zählspiel - zwei Schläge

Die Verantwortlichkeit des Spielers

Der Spieler Regel 6

Wettspielausschreibung 6-1.

Der Spieler ist dafür verantwortlich, daß ihm die Ausschreibung bekannt ist, nach welcher das Wettspiel ausgetragen wird.

Vorgabe 6-2.

a. Im Lochspiel sollten die Spieler vor Spielantritt gegenseitig ihre Vorgaben feststellen.
Würde eine zu hoch angegebene Vorgabe sich auf das Ergebnis eines Lochs auswirken, so wird der Spieler **disqualifiziert.** In allen anderen Fällen muß der Spieler mit der von ihm angegebenen Vorgabe spielen.

b. Im Zählspiel muß sich der Bewerber vergewissern, daß seine Vorgabe auf seiner Zählkarte eingetragen ist, bevor sie bei der Spielleitung eingereicht wird. Ist vor dem Einreichen keine Vorgabe eingetragen, oder ist die eingetragene höher als sie dem Bewerber zusteht, und wirkt sich dies auf die Anzahl der in Anspruch zu nehmenden Vorgabeschläge aus, so wird er in der betreffenden Runde **disqualifiziert.**
In allen anderen Fällen gilt die Schlagzahl.

Anmerkung: Der Spieler ist dafür verantwortlich, daß er weiß, an welchen Löchern Vorgabeschläge gewährt oder in Anspruch genommen werden.

Abspielzeit und Spielergruppen 6-3.

a. Abspielzeit. Zu der von der Spielleitung angesetzten Zeit muß der Spieler abspielen. Keine Begründung für eine Verspätung wird berücksichtigt.

Wenn ein Spieler innerhalb von fünf Minuten nach seiner Startzeit am Ort des Starts eintrifft, kann die Spielleitung in der Ausschreibung eines Wett spiels festlegen, daß die Disqualifikation im Lochspiel am ersten Loch in einen Lochverlust und im Zählspiel in zwei Strafschläge am ersten Loch umgewandelt wird.

b. Spielergruppen. Der Bewerber muß während der gesamten Runde in der Gruppe bleiben, in die er eingeteilt worden ist, sofern die Spielleitung nicht einen Wechsel zuläßt oder nachträglich genehmigt.

Caddie 6-4.

Der Spieler darf nur einen Caddie zu gleicher Zeit haben. Für Regelverstöße seines Caddies erhält der Spieler die Strafe.

STRAFE FÜR REGELVERSTOSS 6-3. und -4.
Disqualifikation

Ball. 6-5.

Der Spieler ist dafür verantwortlich, daß er den richtigen Ball spielt. Jeder Spieler sollte seinen Ball eindeutig kennzeichnen.

Schlagzahlen im Zählspiel. 6-6.

a. Die Schlagzahl sollte der Zähler nach jedem Loch mit dem Bewerber vergleichen.

b. Das Aufsgeschriebene ist nach Abschluß der Runde zu vergleichen und eventuell zweifelhafte Einzelheiten sind mit der Spielleitung zu klären. Der Zähler händigt die von beiden unterschriebene Zählkarte dem Bewerber aus, der diese sobald wie möglich der Spielleitung einreicht.

STRAFE FÜR REGELVERSTOSS
Disqualifikation

c. Änderungen auf einer Zählkarte dürfen nicht mehr vorgenommen werden, nachdem der Bewerber sie der Spielleitung eingereicht hat.

d. Falsche Schlagzahl für das Loch. Der Bewerber ist dafür verantwortlich, daß die für jedes Loch aufgeschriebene Schlagzahl richtig ist. Reicht er für irgend ein Loch eine niedrigere als die tatsächlich gespielte Schlagzahl ein, so wird er **disqualifiziert**.
Reicht er eine höhere als die tatsächlich gespielte Schlagzahl ein, so gilt die eingereichte Schlagzahl.
Für das Zusammenzählen der Schlagzahlen und das Anrechnen der auf der Karte eingetragenen Vorgabe ist die Spielleitung verantwortlich.

Unangemessene Verzögerung; langsames Spiel 6-7.

Der Spieler muß ohne unangemessene Verzögerung und in Übereinstimmung mit den von der Spielleitung festgesetzten Richtlinien für das Vorankommen des Spiels spielen. Das gilt gleichermaßen für den Zeitraum zwischen der Beendigung eines Lochs und dem Abspielen am nächsten Abschlag. Bei einem Regelverstoß wird die Strafe beim nächsten Loch angerechnet.

STRAFE FÜR REGELVERSTOSS 6-7.
Lochspiel - Lochverlust
Zählspiel - zwei Schläge
Nachfolgende Verstöße - **Disqualifikation**

Anmerkung: Zur Verhinderung langsamen Spiels - gilt nur im Zählspiel - darf die Spielleitung in der Ausschreibung eines Wettspiels Richtlinien für das Vorankommen des Spiels festsetzen, einschließlich Höchstzeiten für die Vollendung einer festgesetzten Runde, eines Lochs oder eines Schlags.
Die nachstehenden Strafen können zur Anwendung kommen.

Gemäß den DGV-Wettspielbedingungen: Nach Ermahnung kann die Zeit eines Spielers gestoppt werden. Überschreitet er die Zeit von 60 oder 45 Sekunden, wenn er als zweiter oder dritter an der Reihe ist dreimal oder öfter während einer Runde, so wird er wie folgt bestraft

Erster Verstoß - Ein Schlag
Zweiter Verstoß - Zwei Schläge
Nachfolgende Verstöße - Disqualifikation

Spielunterbrechung 6-8.

a. Der Spieler darf das Spiel nicht unterbrechen, es sei denn
- die Spielleitung hat das Spiel ausgesetzt,
- es besteht Blitzgefahr,
- er benötigt eine Entscheidung über eine strittige Einzelheit von der Spielleitung , (Regel 2 und 34-3.)
- aus anderem zwingenden Grund wie plötzliches Unwohlsein.

Schlechtes Wetter ist kein zwingender Grund für Spielunterbrechung.
Über andere Gründe einer Spielunterbrechung, die der Spielleitung rechtzeitig gemeldet werden, wird entschieden ob
straflos oder **Disqualifikation** zur Anwendung kommt.

Ausnahme im Lochspiel: Spieler, die ein Lochspiel in gegenseitiger Übereinkunft unterbrechen, werden nicht **disqualifiziert**, sofern sie dadurch das Wettspiel nicht verzögern.

b. Der bei Spielunterbrechung aufgenommene Ball darf gereinigt werden und ist bei Wiederaufnahme des Spiels an die ursprüngliche Stelle zurückzulegen.

STRAFE FÜR REGELVERSTOSS
Lochspiel - Lochverlust; Zählspiel - Zwei Schläge

Versäumt ein Spieler, das Spiel sofort zu unterbrechen, wenn es von der Spielleitung bei möglicherweise gefährlichen Situationen angeordnet ist, erfolgt Disqualifikation. Es sei denn, die Umstände rechtfertigen einen Erlaß dieser Strafe.

Üben — Regel 7

Vor oder zwischen den Runden — 7-1.

a. Im Lochspiel darf ein Spieler am selben Tag vor der Runde auf dem Wettspielplatz üben.

b. Im Zählspiel darf ein Spieler an *keinem* Tag vor einer Runde oder einem Stechen auf dem Wettspielplatz üben oder die Oberfläche irgend eines Grüns prüfen. Auch nicht, wenn an aufeinander folgenden Tagen das Wettspiel ausgetragen wird.

Putten oder Chippen ist auf oder nahe dem ersten Abschlag gestattet. Ausnahmen kann die Spielleitung in der Ausschreibung gestatten.

STRAFE FÜR REGELVERSTOSS
Disqualifikation

Während der Runde — 7-2.

darf ein Spieler weder beim Spielen eines Lochs noch zwischen dem Spielen von zwei Löchern einen Übungsschlag machen.

Jedoch darf er zwischen dem Spielen von zwei Löchern auf oder nahe dem Grün des zuletzt gespielten Lochs, Übungsgrün oder dem Abschlag des nächsten in der Runde zu spielenden Lochs Putten oder Chippen üben, sofern derartige Übungsschläge nicht aus einem Hindernis gespielt werden und das Spiel nicht unangemessen verzögern. Die Spielleitung kann es jedoch untersagen.

Ausnahme: Ist das Spiel von der Spielleitung ausgesetzt worden, darf der Spieler vor Wiederaufnahme des Spiels üben
- wie in der Regel vorgesehen,
- überall außerhalb des Wettspielplatzes,
- anderweitig je nach Genehmigung der Spielleitung

STRAFE FÜR REGELVERSTOSS
Lochspiel - Lochverlust; Zählspiel - Zwei Schläge

Wird der Verstoss zwischen dem Spielen von zwei Löchern begangen, so rechnet die Strafe für das nächste Loch.
Anmerkung: Ein Übungsschwung ist kein Übungsschlag und darf überall ausgeführt werden, sofern der Spieler dadurch keine Regel verletzt.

Belehrung; Spiellinie angeben Regel 8

Belehrung ist jede Art von Rat oder Anregung, welche einen Spieler in seiner Entscheidung über die Spielweise, die Schlägerwahl oder das Spielen eines Schlags beeinflussen könnte.
Unterrichtung über Regeln oder allgemein Bekanntes, wie die Lage von Hindernissen oder die Flaggenposition auf dem Grün ist keine Belehrung.

Belehrung 8-1.

Im Wettspiel darf ein Spieler niemandem - ausser seinem Partner - Belehrung erteilen und nur seinen Partner oder Caddie um Belehrung bitten.

Spiellinie angeben 8-2.

a. Außerhalb des Grüns darf sich ein Spieler die Spiellinie von jedermann angeben lassen, doch darf niemand auf oder nahe bei der Linie stehen, während der Schlag gespielt wird. Jedes Zeichen, das beim Spielen eines Lochs vom Spieler oder mit seinem Wissen zum Angeben der Linie gesetzt wird, muß vor dem Spielen des Schlags entfernt werden.

b. Auf dem Grün dürfen der Spieler, sein Partner oder Caddie vor dem Schlag, nicht aber während der Schlag gespielt wird, eine Puttlinie angeben, wobei jedoch das Grün nicht berührt werden darf. Nirgendwo darf ein Zeichen zum Angeben einer Puttlinie gesetzt werden.

STRAFE FÜR REGELVERSTOSS
Lochspiel - Lochverlust; Zählspiel - Zwei Schläge

Die Spielleitung darf in der Ausschreibung eines Mannschaftswettspieles jeder Mannschaft die Einsetzung einer Person gestatten, die Teilnehmern ihrer Mannschaft Belehrung erteilt.

Auskunft über Schlagzahl

Das gespielte Ergebnis muß alle Strafschläge einschließen. 9-1.

Lochspiel 9-2.

Ein Spieler, der sich eine Strafe zugezogen hat, muß seinen Gegner sobald als durchführbar davon in Kenntnis setzen, sofern er nicht offenkundig nach einer Regel verfährt, welche Strafe einschließt, und der Gegner dies wahrgenommen hat. Versäumt er dies, so muß das Versäumnis als Erteilung einer falschen Auskunft gelten, selbst wenn er sich der Tatsache, daß er sich eine Strafe zugezogen hatte, nicht bewußt war.

Ein Gegner hat Anspruch, vom Spieler beim Spielen eines Lochs dessen jeweiligen Stand der Schlagzahl und im Anschluß an das Spielen eines Lochs dessen Schlagzahl für das soeben beendigte Loch zu erfahren.

Gibt der Spieler beim Spielen eines Lochs eine falsche Auskunft über den Stand der Schlagzahl, oder muß eine falsche Auskunft als gegeben gelten, so zieht er sich keine Strafe zu, wenn er den Fehler berichtigt, bevor sein Gegner den nächsten Schlag gespielt hat. Versäumt der Spieler diese Berichtigung, so ist die Strafe **Lochverlust.**

Gibt der Spieler im Anschluß an das Spielen eines Lochs eine falsche Auskunft über die Schlagzahl für das soeben beendete Loch, oder muß eine falsche Auskunft als gegeben gelten, und berührt dies die Auffassung des Gegners vom Ergebnis des Lochs, so zieht er sich keine Strafe zu, wenn er seinen Fehler berichtigt, bevor irgend ein Spieler vom nächsten Abschlag spielt oder, sofern es sich um das letzte Loch handelt, bevor alle Spieler das Grün verlassen.
Versäumt der Spieler, die falsche Auskunft in dieser Weise zu berichtigen, ist die Strafe **Lochverlust.**

Zählspiel 9-3.

Ein Bewerber, der sich eine Strafe zugezogen hat, sollte seinen Zähler sobald wie durchführbar davon in Kenntnis setzen.

Spielfolge und Abschlag

Spielfolge

Regel 10

Lochspiel

10-1.

a. Am Abschlag hat die Partei , die als erste vom Abschlag abzuspielen berechtigt ist, die Ehre - wie man sagt.
Am ersten Abschlag ergibt sich die Ehre aus der Aufstellung (gemäß Startliste zum Beispiel). Fehlt es an einer solchen, so sollte um die Ehre gelost werden. (Ein Tee werfen o.a.)
Die Partei, welche ein Loch gewinnt, muß am nächsten Abschlag die Ehre nehmen. Ist ein Loch geteilt worden, so muß diejenige Partei die Ehre behalten, welche sie am vorhergehenden Abschlag gehabt hat.

b. Außerhalb des Abschlages muß der am weitesten vom Loch entfernte Ball zuerst gespielt werden.

c. Beim Spielen außerhalb der Reihenfolge darf der Gegner unverzüglich verlangen, daß der Schlag annulliert und **straflos** der Schlag in richtiger Reihenfolge wiederholt wird.

Zählspiel

10-2.

a. Am Abschlag ist als erster abzuspielen berechtigt, der - wie man sagt - die Ehre hat. Am ersten Abschlag ergibt sich die Ehre aus der Aufstellung. Fehlt es an einer solchen, so sollte um die Ehre gelost werden. (Ein Tee werfen o.a.)
Der Bewerber mit der niedrigsten Schlagzahl an einem Loch muß am nächsten Abschlag die Ehre nehmen. Der Bewerber mit der nächstniedrigen Schlagzahl muß als nächster spielen und so fort. Haben zwei oder mehr Bewerber an einem Loch die gleiche Schlagzahl, so müssen sie am nächsten Abschlag in gleicher Reihenfolge abspielen wie am vorhergehenden.

b. Außerhalb des Abschlages muß der am weitesten vom Loch entfernte Ball zuerst gespielt werden.

c. Beim Spielen außerhalb der Reihenfolge zieht sich der Spieler keine Strafe zu und der Ball muß gespielt werden wie er liegt. Stellt jedoch die Spielleitung fest, daß Bewerber übereingekommen sind, von den vorstehenden Regeln a. und b. abweichend zu spielen, um einem von ihnen einen Vorteil zu verschaffen, ist die Strafe **Disqualifikation.**

Provisorischer oder zweiter Ball vom Abschlag 10-3.

Spielt ein Spieler einen provisorischen oder einen zweiten Ball von einem Abschlag, so sollte das erst dann geschehen, wenn sein Gegner oder Mitbewerber den ersten Schlag gespielt hat. Sonst ist "außer Reihenfolge" gespielt und es gilt nach dieser Regel vorstehend -1.c. und -2.c.

Ball beim Nachmessen bewegt 10-4.

Wenn festgestellt werden soll, welcher Ball weiter vom Loch entfernt ist und der Ball wird beim Nachmessen bewegt, so ist das **straflos** und der Ball muß zurückgelegt werden.

Abschlag ist der Ort, an dem das zu spielende Loch beginnt. Der Abschlag ist eine rechteckige Fläche, zwei Schlägerlängen tief, deren Vorder- und Seitenbegrenzung durch die Außenseiten von zwei Abschlagsmarkierungen bezeichnet wird.

Ein Ball befindet sich außerhalb des Abschlags, wenn er ganz außerhalb liegt.

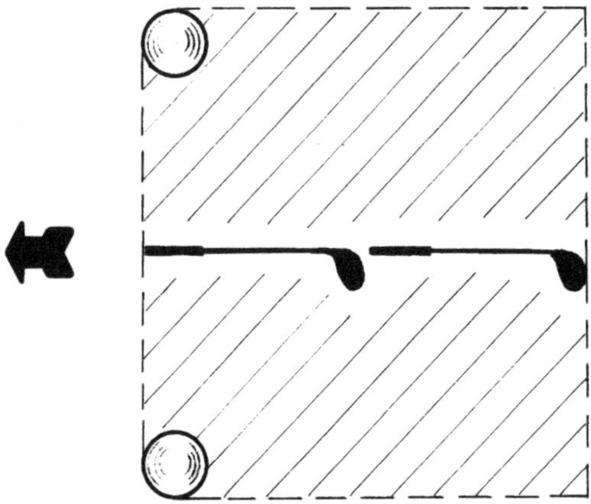

Aufsetzen 11-1.

Damit sich der Ball über den Boden erhebt, darf er beim Aufsetzen auf den Boden, auf eine vom Spieler hervorgerufene Unebenheit oder auf ein Tee, Sand oder etwas anderes gelegt werden.

Ein Spieler darf außerhalb des Abschlags stehen, um einen Ball von innerhalb des Abschlags zu spielen.

Abschlagsmarkierungen 11-2.

Die Abschlagsmarkierungen gelten als befestigt, bevor ein Spieler mit irgendeinem Ball seinen ersten Schlag vom Abschlag des zu spielenden Lochs spielt. Bewegt in einem solchen Fall der Spieler eine Abschlagsmarkierung bzw. duldet, daß sie bewegt wird, um dadurch zu verhindern, daß sie seine Standposition, den Raum seines beabsichtigten Schwungs oder seine Spiellinie behindert, so zieht er sich die Strafe für Verstoß gegen Regel 13-2. zu. (Lage, Raum des beabsichtigten Schwungs oder Spiellinie verbessern).

STRAFE FÜR REGELVERSTOSS
Lochspiel - Lochverlust; Zählspiel - Zwei Schläge

Ball fällt vom Tee 11-3.

Fällt ein Ball, der nicht im Spiel ist, vom Tee, oder wird er beim Ansprechen vom Spieler vom Tee gestoßen, darf er **straflos** wieder aufgesetzt werden.
Ist jedoch dabei ein Schlag nach dem Ball ausgeführt worden, egal ob sich der Ball bewegt oder nicht, zählt dieser Schlag. Eine Strafe kommt nicht hinzu. Der bewegte Ball muß gespielt werden wie er liegt.

Spielen von außerhalb des Abschlags 11-4.

a. Spielt im Lochspiel ein Spieler zu Beginn eines Lochs einen Ball von außerhalb des Abschlags, so darf der Gegner unverzüglich verlangen, daß der Spieler den Schlag annulliert und **straflos** einen Ball von innerhalb des Abschlags spielt.

b. Spielt im Zählspiel ein Bewerber zu Beginn eines Lochs einen Ball von außerhalb des Abschlags, zieht er sich eine Strafe von **zwei Schlägen** zu und muß den Ball von innerhalb des Abschlags spielen.
Der vorhergehende Schlag zählt nicht.

Spielt der Bewerber einen Schlag vom nächsten Abschlag, ohne seinen Fehler behoben zu haben, bzw., sofern es sich um das letzte Loch der Runde handelt, verläßt er das Grün, ohne zuvor die Absicht zur Beheben anzukündigen, wird er **disqualifiziert**.

Spielen von falschem Abschlag 11-5.

Für das Spielen vom *falschen* Abschlag gelten die Regeln wie für das Spielen von *außerhalb* des Abschlag,.

SPIELEN DES BALLS

Ball suchen und identifizieren Regel 12

Ball suchen; Ball sehen 12-1.

Beim Suchen seines Balls darf der Spieler Gebüsch, Ginster, Binsen, langes Gras, Heide oder dergleichen berühren oder biegen, jedoch nur in dem erforderlichen Ausmaß, um seinen Ball finden und identifizieren zu können, und vorausgesetzt, daß dadurch die Lage des Balls, der Raum seines beabsichtigten Schwungs oder seine Spiellinie nicht verbessert werden.

Ein Spieler hat nicht unbedingt Anspruch, seinen Ball sehen zu können, wenn er einen Schlag spielt.

Ist ein Ball im Hindernis von losen hinderlichen Naturstoffen oder Sand bedeckt, darf der Spieler durch Tasten, Harken oder andere Mittel soviel davon fortbewegen wie erforderlich, damit er einen Teil des Balls sehen kann.
Ist mehr fortbewegt worden, ist das **straflos** und der Ball muß so wieder bedeckt werden, daß nur noch ein Teil sichtbar ist. Wird dabei der Ball bewegt, ist das **straflos**; der Ball muß zurückgelegt und ggf. wieder bedeckt werden.

Ein in Boden in Ausbesserung oder einem Loch, zeitweiligem Wasser, Ausgeworfenem oder der Laufspur eines Erdgänge grabenden Tieres, eines Reptils oder eines Vogels liegender Ball, der versehentlich beim Suchen bewegt wird, muß **straflos** zurückgelegt werden. Es sei denn, der Spieler entscheidet sich für die Erleichterung "Zeitweiliges Wasser, Boden in Ausbesserung Regel 25-1."

Nach einem im Wasser eines Wasserhindernisses liegenden Ball darf der Spieler mit einem Schläger oder sonstwie tasten. Wird der Ball babei bewegt, ist er **straflos** zurückzulegen. Es sei denn, der Spieler entscheidet sich, nach Regel 26-1. "Ball im Wasserhindernis" zu verfahren.

STRAFE FÜR REGELVERSTOSS im
Lochspiel - Lochverlust; Zählspiel zwei Schläge

Ball identifizieren 12-2.

Der Spieler ist dafür verantwortlich, daß er den richtigen Ball spielt. Jeder Spieler sollte daher seinen Ball kennzeichnen.
Außer im Hindernis darf der Spieler **straflos** einen Ball, den er für seinen eigenen hält, zum Zweck der Identifizierung aufnehmen und in dem dazu erforderlichen Ausmaß reinigen.
Bevor er den Ball aufnimmt, muß er die Absicht dazu vorher ankündigen, Gelegenheit zum Beobachten des Aufnehmens und Zurücklegens geben und die Lage des Balls kennzeichnen.Der Ball muß zurückgelegt werden. (Ball aufnehmen siehe Regel 20-1).

STRAFE FÜR REGELVERSTOSS
ein Strafschlag

Die selbe Strafe gilt, wenn der Ball zum Zwecke des Identifizierens in einem Hindernis aufgenommen oder mehr gereinigt wird, als zur Identifizierung erforderlich.

Ball spielen wie er liegt; Lage, Raum des beabsichtigten Schwungs und Spiellinie; Standposition Regel 13

Ball spielen wie er liegt 13-1.

Der Ball muß gespielt werden wie er liegt, sofern die Regeln nichts anderes vorsehen.

Anderes sehen die Regeln zum Beispiel vor, wenn
- ein Ball in Ruhe bewegt (Regel 18),
- die Lage eines fallengelassenen Balls nicht gelten kann (Regel 20),
- Erleichterung bei unbeweglichem Hemmnis in Anspruch genommen ,
- der Ball in zeitweiligem Wasser, Boden in Ausbesserung oder Schäden auf dem Platz liegt,
- der Ball im Gelände auf einer kurzgemähten Fläche in seinem Einschlagloch eingebettet liegt,
- der Ball für unspielbar erklärt wird oder
- von den Erleichterungen im Wasserhindernis Gebrauch gemacht wird (Regel 26).

Lage, Raum des beabsichtigten Schwungs oder Spiellinie verbessern 13-2.

Sofern nicht in den Regeln vorgesehen, darf der Spieler

- Ort und Lage seines Balls,
- den Raum seines beabsichtigten Schwungs,
- seine Spiellinie sowie eine angemessene Verlängerung dieser Linie über das Loch hinaus oder
- die Fläche zum Fallenlassen oder Hinlegen eines Balls

nicht durch eine der folgenden Handlungen verbessern oder verbessern lassen:
Bewegen, Biegen oder Brechen von irgend etwas, das angewachsen oder befestigt ist (eingeschlossen unbewegliche Hemmnisse sowie Gegenstände zum Bezeichnen von Aus) oder

Entfernen oder Niederdrücken von Sand, losem Erdreich, herausgeschlagener und wieder eingesetzter Grasnarbe, sonstigen eingesetzten Rasenstücken oder anderweitigen Bodenunebenheiten, ausgenommen es kommt vor

- bei redlichem Beziehen der Standposition,
- beim Spielen eines Schlags oder beim Aufschwung des Schlägers zum Schlag,
- auf dem Abschlag bei der Schaffung oder Beseitigung von Bodenunebenheiten
- auf dem Grün beim Entfernen von Sand und losem Erdreich nach Regel 16-1.a oder beim Ausbessern nach Regel 16-1.c.

Der Schläger darf nur leicht aufgesetzt und nicht auf den Boden gedrückt werden.
Ausnahme: Ball liegt in oder berührt Hindernis, siehe nachstehend Regel 13-4.

Standposition herstellen 13-3.

Ein Spieler ist berechtigt, die Füße fest aufzusetzen, wenn er seine Standposition bezieht. Er darf sich aber keine Standposition herstellen.

Beispiele: Eine Matte auslegen um sich daraufzustellen, ein Handtuch für einen Schlag aus geknieter Stellung hinlegen; im Bunker mit einem Bein solange Druck ausüben, bis beide Füße auf gleicher Höhe stehen.

Ball im Hindernis 13-4.

(Hindernis ist Bunker und Wasserhindernis)

Bevor der Spieler einen Schlag nach dem Ball ausführt, darf er nicht

a. die Beschaffenheit des Hindernisses oder eines gleichartigen Hindernisses prüfen,
b. den Boden bzw. Grund im Hindernis oder Wasser im Wasserhindernis mit einem Schläger oder sonstwie berühren,
c. lose hinderliche Naturstoffe berühren oder bewegen, die im Hindernis liegen oder das Hindernis berühren.

Ausnahmen:

1. Vorausgesetzt, daß nichts zum Prüfen der Beschaffenheit des Hindernisses oder zum Verbessern der Lage des Balls geschieht, ist es **straflos**, wenn der Spieler den Boden bzw. Grund berührt infolge oder zur Vermeidung eines Sturzes, beim Nachmessen oder beim Greifen nach dem Ball oder Aufnehmen eines Balls, oder wenn er seine Schläger im Hindernis hinlegt.

2. Der Spieler darf nach dem Spielen des Schlags, sein Caddie ohne Anordnung des Spielers jederzeit, Sand oder Erdreich im Hindernis einebnen, vorausgesetzt daß dabei, sofern der Ball noch immer in dem Hindernis liegt, nichts geschieht, was die Lage des Balls verbessert oder dem Spieler beim weiteren Spielen des Lochs von Nutzen ist.

Anmerkung: Jederzeit, einschließlich beim Ansprechen und beim Aufschwung zum Schlag, darf der Spieler jedes Hemmnis, jede von der Spielleitung zum Bestandteil des Platzes erklärte Anlage, jegliches Gras, jeden Busch, Baum oder sonstiges Angewachsene mit einem Schläger oder sonstwie berühren.

STRAFE FÜR REGELVERSTOSS
Lochspiel - Lochverlust; Zählspiel - Zwei Schläge

AUF EINEN BLICK

Im Hindernis Bunker: darf man nicht / darf man

Darf man nicht

Strafe für Regelverstoß: LS - Lochspiel, ZS - Zählspiel
LV - Lochverlust
2S - 2 Schläge
1S - 1 Schlag

(1) **die Beschaffenheit** des Hindernisses prüfen,	LV / 2 S
(2) **lose hinderliche Naturstoffe** berühren oder bewegen, die im Hindernis liegen oder das Hindernis berühren,	LV / 2 S
(3) **den Boden mit einem Schläger** oder sonstwie berühren, (außer: zur Vermeidung eines Sturzes; beim Hemmnis entfernen, Nachmessen, Greifen nach dem Ball oder Aufnehmen gem. Regel, Hinlegen des Schlägers),	LV / 2 S
(4) **den Ball zur Identifizierung** aufnehmen,	ZS / LS 1S / 1S
(5) **den Schläger beim Ansprechen** aufsetzen,	LV / 2 S
(6) **die Lage des Balls**, Spiellinie oder Raum des beabsichtigten Schwungs, durch Bewegen, Biegen oder Brechen von Angewachsenem oder Befestigtem, verbessern.	LV / 2S

darf man (straflos)

(1) **bewegliche Hemmnisse** entfernen (künstliche Dinge, Getränkedosen, Zigarettenreste, Pappbecher, Harken, u.a.m.); Steine können durch Platzregel zu beweglichem Hemmnis erklärt werden.

(Fortsetzung **darf man**)

(2) **Jederzeit**, einschließlich beim Ansprechen und Aufschwung zum Schlag, mit einem Schläger oder sonstwie berühren:
jederlei Hemmnis, zum Bestandteil des Platzes erklärte Anlagen, Gras, Busch, Baum oder sonstiges Angewachsene.

(3) **den falschen Ball** spielen,

(4) **beim Suchen:**

von losen hinderlichen Naturstoffen **nur** soviel entfernen wie notwendig ist, um einen Teil des Balls zu sehen. Mit zuviel Entferntem muß der Ball wieder bedeckt und - sofern dabei bewegt - zurückgelegt werden.

(5) **Erleichterung bei Behinderung durch unbewegliche Hemmnisse** (z.B. Stützkonstruktion an Bunkerwänden aus "künstlich Geschaffenem" wie Brettern, Eisenbahnschwellen u.a.m.) in Anspruch nehmen, Regel 24-2. Es sei denn, die betreffenden Anlagen sind durch Platzregel zu Bestandteilen des Platzes erklärt worden.

(6) **Erleichterung bei Behinderung durch ungewöhnliche Bodenverhältnisse** Regel 25-1. (zeitweiliges Wasser, Boden in Ausbesserung, gewisse Schäden am Platz) in Anspruch nehmen.

(7) **mit** einem **Strafschlag** den Ball außerhalb des Hindernisses fallenlassen (Regel 25.1.b. "auf der verlängerten Linie Ballage zum Loch).

(8) **mit** einem **Strafschlag** den Ball nach Regel 28 für unspielbar erklären.

Der Schlag nach dem Ball

Schlag ist die Vorwärtsbewegung des Schlägers, ausgeführt in der wirklichen Absicht, nach dem Ball zu schlagen und ihn zu bewegen. Bricht jedoch der Spieler willentlich seinen Abschwung ab, bevor der Schlägerkopf den Ball erreicht, so gilt dies nicht als Schlag.

Ehrlich nach dem Ball schlagen 14-1.

Nach dem Ball muß ehrlich mit dem Schlägerkopf geschlagen und es darf nicht gestoßen, gekratzt oder gelöffelt werden.

Unterstützung 14-2.

Beim Spielen eines Schlags darf ein Spieler körperliche Unterstützung oder Schutz gegen die Elemente nicht annehmen (Abstützung durch einen Anderen, Regenschirm, Sonnenschirm).

STRAFE FÜR REGELVERSTOSS
Lochspiel - Lochverlust; Zählspiel - Zwei Schläge

Künstliche Vorrichtungen und ungebräuchliche Ausrüstung 14-3.

Der Spieler darf während einer festgesetzten Runde keinerlei künstliche Vorrichtung oder ungebräuchliche Ausrüstung benutzen.

a. die ihm beim Spielen eines Schlags oder bei seiner Spielweise von Nutzen sein könnte; oder

b. zum Abschätzen oder Messen von Entfernungen oder Umständen, die seine Spielweise beeinflussen könnten; oder

c. die ihm beim Halten des Schlägers von Nutzen sein könnten.

Gestattet ist, daß einfache Handschuhe getragen und Harz, Klebestreifen, Gaze, Puder oder anfeuchtende Hilfsmittel benutzt werden. Ferner Klebestreifen oder Gaze am Griff angebracht sind und ein Hand- oder Taschentuch um den Griff gewickelt ist.

STRAFE FÜR REGELVERSTOSS
Disqualifikation

Ball öfter als einmal treffen 14-4.

Trifft der Schläger eines Spielers im Verlauf eines Schlags den Ball öfter als einmal, so zählt dieser Schlag und zusätzlich **ein Strafschlag**, d.h. **zwei Schläge** sind anzurechnen.

Spielen eines Balls in Bewegung 14-5.

Solange sich der Ball bewegt, darf ein Spieler den Ball nicht spielen.

Ausnahmen

- Ball fällt vom Tee (Regel 11-3.)
- Ball öfter als einmal getroffen (Regel 14-4.)
- Ball bewegt sich im Wasser (Regel 14-6.)

Beginnt sich der Ball erst zu bewegen, nachdem der Spieler den Schlag oder den Aufschwung seines Schlägers zum Schlag begonnen hat, so hat er sich nach dieser Regel keine Strafe für das Spielen eines Balles in Bewegung zugezogen, ist aber nicht befreit von Strafe, die er sich zugezogen hat nach den Regeln:

- Ball in Ruhe durch Spieler bewegt (Regel 18-2.)
- Ball in Ruhe bewegt sich nach Ansprechen (Regel 18-2.)
- Ball in Ruhe bewegt sich nach Berühren loser hinderlicher Naturstoffe (Regel 18-2.)

Ball bewegt sich im Wasser 14-6.

Bewegt sich ein Ball in einem Wasserhindernis in Wasser, so darf der Spieler **straflos** einen Schlag spielen, aber seinen Schlag nicht verzögern, damit Wind oder Strömung die Position des Balls verbessern könnten.

Ein Ball, der sich in einem Wasserhindernis in Wasser bewegt, darf aufgenommen werden, sofern sich der Spieler entscheidet, nach Regel 26 Wasserhindernisse zu verfahren.

STRAFE FÜR REGELVERSTOSS 14-5. und 14-6.
Lochspiel - Lochverlust; Zählspiel - Zwei Schläge

Falscher Ball; für Ball im Spiel eingesetzter anderer Ball

Regel 15

Falscher Ball ist jeder Ball außer des Spielers:

(1) Ball im Spiel
(2) provisorischer Ball oder
(3) im Zählspiel ein
nach Regel 3-3. (Zweifel über Spielweise)
oder 20-7. (von falschem Ort)
gespielter zweiter Ball.

Sofern es die Regeln nicht ausdrücklich gestatten, darf ein Ball beim Spielen eines Lochs nicht durch einen anderen ersetzt werden.
Ball im Spiel ist auch ein für den Ball im Spiel eingesetzter anderer Ball, egal, ob der Einsatz gestattet ist oder nicht.
Ist ein Einsatz nicht gestattet und der Fehler wird nicht nach Regel 20-6. behoben ("Falsch fallengelassenen oder hingelegten Ball aufnehmen"), ist die Strafe

Lochspiel - Lochverlust; Zählspiel - Zwei Schläge

Im Lochspiel

15-2.

Spielt ein Spieler, außer in einem Hindernis, einen Schlag mit einem falschen Ball, so ist die Strafe **Lochverlust**.

Im Hindernis gespielte Schläge mit einem falschen Ball sind **straflos** und werden nicht zur Schlagzahl des Spielers hinzugerechnet.
Gehört der falsche Ball einem anderen Spieler, so muß der Besitzer einen Ball dort hinlegen , wo der falsche Ball zum erstenmal gespielt worden war.

Verwechseln der Spieler und der Gegner Bälle beim Spielen eines Lochs, so erleidet Lochverlust, wer zuerst außerhalb eines Hindernisses den falschen Ball gespielt hat; ist dies nicht aufzuklären, so muß das Loch mit den verwechselten Bällen zu Ende gespielt werden.

Im Zählspiel 15-3.

Spielt ein Bewerber einen Schlag oder Schläge mit einem falschen Ball, so ist die Strafe **zwei Schläge,** es sei denn, die Schläge sind ausschließlich in einem Hindernis gespielt worden, was **straflos** ist.
Der Bewerber muß seinen Fehler durch Spielen des richtigen Balls beheben.

Ist dies nicht geschehen, bevor der Spieler einen Schlag vom nächsten Abschlag spielt, bzw. versäumt er es, sofern es sich um das letzte Loch der Runde handelt, die Absicht zur Behebung seines Fehlers anzukündigen, bevor er das Grün verläßt, wird er **disqualifiziert**.

Schläge eines Bewerbers mit einem falschen Ball werden nicht zu seiner Schlagzahl hinzugerechnet.

Gehört der falsche Ball einem anderen Bewerber, muß der Besitzer einen Ball dort hinlegen, wo der falsche Ball zum erstenmal gespielt worden war.
(Art der Lage eines hin- oder zurückzulegenden Balls verändert siehe Regel 20-3.b.)

Ergänzend:
(1) Im Hindernis ist das Identifizieren eines Balls nach Regel 12-2. unzulässig und dafür das Spielen eines falschen Balls straflos.

(2) Auch wenn der Ball nicht getroffen wird, ist ein Schlag nach einem falschen Ball Spielen eines falschen Balls.

(3) Ein im Aus gespielter Ball ist falscher Ball.

(4) Ist bereits ein anderer Ball zum Ball im Spiel geworden und der Bewerber spielt seinen ursprünglichen Ball weiter, so spielt er einen falschen Ball.

(5) Ein Bewerber hat einen provisorischen Ball gespielt. Vor dem Weiterspielen des provisorischen Balls spielt er einen anderen, den er fälschlich für den ursprünglichen gehalten hatte.
Es wird zwar - wenn der ursprüngliche Ball nicht gefunden wird - der provisorische zum Ball im Spiel, doch kommt die Strafe für Spielen eines falschen Balls hinzu.

DAS GRÜN

Das Grün

Regel 16

Grün ist die Bodenfläche des zu spielenden Lochs , die zum Putten besonders hergerichtet ist.
Ein Ball liegt bereits auf dem Grün, wenn er das Grün berührt.

Eingelocht ist ein Ball, wenn er innerhalb des Lochumfanges und vollständig unterhalb der Ebene des Lochrandes zur Ruhe gekommen ist.

Puttlinie ist die Linie, welche nach der Absicht des Spielers sein Ball nach einem auf dem Grün gespielten Schlag nehmen soll. Sie umfaßt einen angemessenen Abstand beiderseits der beabsichtigten Linie und erstreckt sich nicht über das Loch hinaus.
Puttlinie auf dem Grün angeben siehe Regel 8-2.b.

a. Puttlinie berühren

16-1.

Die Puttlinie darf nur berührt werden, wenn der Spieler

- Sand und loses Erdreich oder andere lose hinderliche Naturstoffe aufsammelt, und *nur* mit der Hand oder einem Schläger beiseite fegt, ohne dabei irgend etwas niederzudrücken (hochgekratzte Gräser, Spikemarks zum Beispiel),
- beim Ansprechen des Balls den Schläger vor den Ball stellt, ohne dabei irgend etwas niederzudrücken,

oder die Puttlinie berührt, beim

- Nachmessen (Ball beim Nachmessen bewegt Regel 10.4,)
- Aufnehmen des Balls (nachstehend Regel 16-1.b.)
- Eindrücken eines Ballmarkers ,
- Ausbessern von Lochpfropfen oder Balleinschlaglöchern

b. Ball aufnehmen

Der Ball darf (nachdem die Lage markiert, Markierung *hinter* dem Ball) aufgenommen und gereinigt werden. An die Stelle, von der er aufgenommen wurde, ist er zurückzulegen.

c. Ausbessern von Lochpfropfen, Balleinschlaglöchern und sonstigen Schäden

Diese Art Schäden darf der Spieler ausbessern, auch wenn sein Ball *nicht* auf dem Grün liegt.
Der dabei evtl. bewegte Ball muß zurückgelegt werden.
Irgend ein sonstiger Schaden auf dem Grün darf nicht ausgebessert werden, wenn dies dem Spieler beim nachfolgenden Spielen des Lochs von Nutzen sein könnte.

d. Prüfen der Oberfläche

Die Oberfläche des Grüns darf nicht dadurch geprüft werden, daß der Spieler einen Ball rollt , die Oberfläche aufrauht oder aufkratzt.

e. Über oder auf der Puttlinie stehen

Es darf kein Schlag aus einer Standposition gespielt werden, bei der der Spieler mit je einem Fuß beiderseits der Puttlinie einschließlich der Verlängerung dieser Linie hinter dem Ball steht oder diese Linie mit einem der Füße berührt.

f. Position von Caddie oder Partner

Der Spieler darf nicht dulden, daß - während er einen Schlag spielt - sein Caddie, sein Partner oder der Caddie seines Partners auf oder dicht an einer Verlängerung der Puttlinie hinter dem Ball steht.

g. Schlag spielen, während anderer Ball in Bewegung

Solange ein anderer Ball nach einem auf dem Grün gespielten Schlag in Bewegung ist, darf der Spieler keinen Schlag spielen. Hätte allerdings der betreffende Spieler nach der Spielfolge zuerst spielen müssen, so bleibt sein Verhalten **straflos.**

STRAFE FÜR REGELVERSTOSS
Lochspiel - Lochverlust; Zählspiel - Zwei Schläge

Ball ragt über Lochrand hinaus 16-2.

Ragt irgend ein Teil des Balls über den Lochrand hinaus, so stehen dem Spieler die Zeit, das Loch ohne vermeidbare Verzögerung zu erreichen, sowie weitere zehn Sekunden zu, um festzustellen, ob sich der Ball in Ruhe befindet.
Ist der Ball bis dahin nicht in das Loch gefallen, so gilt er als in Ruhe befindlich. Fällt der Ball anschließend in das Loch, so gilt er als vom Spieler mit dem letzten Schlag eingelocht und **ein Strafschlag** kommt hinzu.

Der Flaggenstock Regel 17

Bedienen mit Ermächtigung. 17-1.

Mit Ermächtigung darf der Spieler vor oder während des Schlags den Flaggenstock bedienen, entfernen oder zum Anzeigen des Lochs hochhalten lassen. *Es gilt auch als Ermächtigung, wenn es mit Kenntnis des Spielers ohne seinen Einwand geschieht.*

Bedienen ohne Ermächtigung 17-2.

Ohne Ermächtigung darf der Flaggenstock nicht bedient, entfernt oder hochgehalten werden, während der Spieler einen Schlag ausführt oder sein Ball in Bewegung ist.

Erfolgt ein Bedienen dennoch und der Ball trifft den Flaggenstock, die bedienende Person oder irgend etwas, das sie mitführt, so muß der Ball **straflos** gespielt werden wie er liegt; war der Schlag jedoch auf dem Grün gespielt, so wird der Ball zurückgelegt und der Schlag wiederholt.

STRAFE FÜR VERSTOSS
Lochspiel - Lochverlust; Zählspiel - Zwei Schläge

DIE STRAFE FÜR VERSTOSS trifft die bedienende Person.

Die bedienende Person ist im Lochspiel der Gegner oder sein Caddy, im Zählspiel ein Mitbewerber, Partner oder ihre Caddies.

Ball trifft Flaggenstock oder bedienende Person 17-3

Nicht treffen darf der Ball des Spielers

(1) den Flaggenstock, während er mit Ermächtigung bedient, entfernt oder hochgehalten worden ist,

(2) die mit Ermächtigung bedienende Person oder irgend etwas, das die Person mitführt; oder

(3) den unbedienten Flaggenstock, der im Loch steckt, sofern der Ball vom Grün aus gespielt worden war,
(von außerhalb getroffen - auch als Ballstopper benutzt - ist das Treffen des Flaggenstocks **straffrei**).

STRAFE FÜR REGELVERSTOSS
Lochspiel - Lochverlust; Zählspiel - Zwei Schläge

Ball kommt am Flaggenstock zur Ruhe 17-4.

Liegt der Ball an einem im Loch befindlichen Flaggenstock, darf der Flaggenstock bewegt oder entfernt werden.
Fällt der Ball dabei in das Loch, gilt er als vom Spieler mit seinem letzten Schlag eingelocht; andernfalls muß der Ball, wenn er bewegt worden ist, **straflos** am Lochrand hingelegt werden.

STRAFE FÜR REGELVERSTOSS
Lochspiel - Lochverlust; Zählspiel - Zwei Schläge

BALL BEWEGT, ABGELENKT ODER AUFGEHALTEN

Als bewegt gilt ein Ball, wenn er seine Lage verläßt und woanders zur Ruhe kommt.

Nicht zum Spiel Gehöriges ist alles, was nicht zum Lochspiel bzw. im Zählspiel nicht zur Partei des Bewerbers gehört, wie Platzrichter, Zähler, Beobachter, Caddies, Zuschauer, Hunde, Mitbewerber; (Wind und Wasser sind ausgenommen, d.h. zum Spiel gehörig).

Ausrüstung ist alles, was vom oder für den Spieler benutzt, getragen oder mitgeführt wird, einschließlich Golfwagen, gleich ob motorisiert oder nicht und auch der aufgenommene Ball, der noch nicht wieder ins Spiel gebracht worden ist.
Benutzen mehrere Spieler einen Wagen gemeinsam, so gilt alles, was er enthält, als Ausrüstung desjenigen Spielers, dessen Ball von einer der nachfolgenden Regeln betroffen ist. Solange jedoch der Wagen von einem der ihn gemeinsam benutzenden Spieler bewegt wird, gilt er als Ausrüstung des den Wagen bewegenden Spielers.
Nicht zur Ausrüstung eines Spielers gehört sein Tee und der kleine Gegenstand zum Markieren des Balls (gelten als bewegliches Hemmnis) und jeglicher Ball, der am zu spielenden Loch gespielt wurde.

Angesprochen ist ein Ball mit dem Beziehen der Standposition und dem Aufsetzen des Schlägers.
Im Hindernis hingegen ist der Ball bereits mit dem Beziehen der Standposition angesprochen.

Ball in Ruhe bewegt — Regel 18

a. Durch nicht zum Spiel Gehöriges — 18-1.

Der Ball muß **straflos** zurückgelegt werden.

b. Durch Spieler, Partner, Caddie oder Ausrüstung — 18-2.

Der Ball ist mit **einem Strafschlag** zurückzulegen.
Einschließlich, wenn der Ball sich bewegt hat:
- nachdem er angesprochen,
- unerlaubt aufgenommen,

- absichtlich bewegt wurde oder
- nach dem Berühren loser hinderlicher Naturstoffe innerhalb einer Schlägerlänge vom Ball, sich bewegt hat; (auf dem Grün **straflos**).

c. Durch Gegner, Caddie oder Ausrüstung 18-3.

Im Lochspiel ist der Ball mit **einem Strafschlag** zurückzulegen. (Außer beim Suchen).

d. Durch Mitbewerber, Caddie oder Ausrüstung 18-4.

Im Zählspiel ist der Ball **straflos** zurückzulegen.

e. Durch anderen Ball 18-5.

Der bewegte Ball muß möglichst nahe an die Stelle, wo er lag, zurückgelegt werden und der Fremde, verursachende **straflos** gespielt werden wie er liegt.

Zwei Strafschläge erhält der Spieler jedoch, wenn beide Bälle vor dem Schlag auf dem Grün lagen.

STRAFE FÜR REGELVERSTOSS

Lochspiel - Lochverlust; Zählspiel - zwei Schläge

(Wird ein Zurücklegen versäumt, gilt diese Grundstrafe und keine weitere nach dieser Regel)

Ist der Ball nicht wiederzufinden, darf ein anderer Ball eingesetzt werden.

f. Durch Wind

Der durch Wind bewegte Ball ist ohne Anrechnung eines Schlags **straflos** zu spielen wie er liegt, (auch gilt er als mit dem letzten Schlag eingelocht, wenn er "selbstätig" ins Loch gerollt ist).

Es sei denn, der Ball war vorher angesprochen worden, dann ist er unter Anrechnung **eines Strafschlags** zurückzulegen. Wird dies versäumt, gilt die Grundstrafe (zwei Schläge, Lochverlust) für den Verstoß gegen diese Regel.

g. Straflos ist ohnehin, wenn sich der Ball bewegt beim

- Nachmessen der Lochentfernung (Regel 10-4.),
- Ball suchen (Regel 12-1.)
- Ausbessern von Lochpfropfen oder Balleinschlaglöchern auf dem Grün (Regel 16-1.c.),
- Fortnehmen beweglicher Hemmnisse (Regel 24-1.),
- erlaubtem Aufnehmen eines Balls (Regel 20-1.)

Ball in Bewegung abgelenkt oder aufgehalten — Regel 19

a. Durch nicht zum Spiel Gehöriges — 19-1.

Der Ball muß **straflos** gespielt werden wie er liegt.
Kommt der Ball auf etwas zur Ruhe, das sich bewegt oder lebt, ist er an dem Punkt seiner "Entführung" fallenzulassen, auf dem Grün hinzulegen.
Ein auf dem Grün gespielter Schlag ist **straflos** zu wiederholen, wenn der Ball auf etwas zur Ruhe kommt, das sich bewegt oder lebt oder dadurch aufgehalten oder abgelenkt wurde, ausgenommen von einem Wurm oder Insekt.
Ist der Ball nicht wiederzufinden, darf ein anderer Ball eingesetzt werden.

Wird der Ball absichtlich durch etwas nicht zum Spiel Gehöriges abgelenkt oder aufgehalten, so gilt für
- den Spieler Regel 1-4.: bei durch Regeln nicht erfaßten strittigen Einzelheiten ist nach Billigkeit zu entscheiden,
- den Mitbewerber oder dessen Caddie, wenn sie das nicht zum Spiel Gehörige sind, Regel 1-2.: Beeinflussung des Balls.

b. **Durch Spieler** und **Partner** sowie deren **Caddie oder Ausrüstung** — 19-2.

Lochspiel: die Strafe ist **Lochverlust.**

Zählspiel: Mit **zwei Strafschlägen** muß der Ball gespielt werden wie er liegt.
Kommt der Ball in oder auf Kleidung oder Ausrüstung zur Ruhe, ist er an dem Punkt fallen zu lassen (auf dem Grün hinzulegen) und zu spielen, an dem die unspielbare Lage eintrat.

c. **Durch Gegner** und deren **Caddie** oder **Ausrüstung** — 19-3.

Im Lochspiel darf der Spieler den Ball **straflos** spielen wie er liegt, oder wahlweise den Schlag wiederholen, bevor eine Partei einen weiteren Schlag macht.

d. **Durch Mitbewerber** und deren **Caddie** oder **Ausrüstung** — 19-4.

Im Zählspiel muß der Ball **straflos** gespielt werden wie er liegt. Ansonsten wird vorstehende Regel 19-1. angewendet.

e. Durch anderen Ball 19-5.

Wird der geschlagene Ball durch einen in Ruhe befindlichen Ball abgelenkt oder aufgehalten, muß der Spieler **straflos** seinen Ball spielen wie er liegt und der in Ruhe gelegene Ball zurückgelegt werden.
Lagen beide Bälle vor dem Schlag auf dem Grün, erhält der Spieler **zwei Strafschläge.**

STRAFE FÜR REGELVERSTOSS
Lochspiel - Lochverlust; Zählspiel - Zwei Schläge

ERLEICHTERUNG UND ERLEICHTERUNGS-VERFAHREN

Aufnehmen, Fallenlassen und Hinlegen; Spielen von falschem Ort Regel 20

a. Aufnehmen 20-1.

Ein nach den Regeln aufzunehmender Ball darf vom Spieler, seinem Partner oder einer vom Spieler ermächtigten Person aufgenommen werden. In jedem Falle ist bei Regelverstoß der Spieler verantwortlich.

Wann ein Ballaufnehmen infrage kommen kann:
(1) zur Identifizierung,(ausgenommen im Hindernis),
(2) um festzustellen, ob er zum Spielen unbrauchbar ist,
(3) wenn er auf dem Fairway in sein Einschlagloch eingebettet liegt,
(4) bei Spielunterbrechung,
(5) wenn er falsch fallengelassen worden ist,
(6) wenn Erleichterung durch Hemmnis in Anspruch genommen wurde,
(7) auf dem Grün,
(8) Besserlegen gemäß Platzregel,
(9) Ball unspielbar oder Aus,
(10) bei ungewöhnlichen Bodenverhältnissen,
(11) im Zusammenhang mit der Regel "Ball bewegt, abgelenkt",
(12) beim Spielen eines falschen Balls.

Um einen aufgenommenen Ball anschließend zurücklegen zu können, muß seine Lage vorher gekennzeichnet werden.
Wird dies versäumt, zieht sich der Spieler **einen Strafschlag** zu und der Ball muß zurückgelegt werden.
Wird er nicht zurückgelegt, zieht sich der Spieler die Grundstrafe (Lochverlust bzw. zwei Schläge) für Verstoß gegen diese Regel zu, jedoch keine zusätzliche Strafe nach 20-1.

Werden ein Ball oder ein Ballmarker beim Aufnehmen oder Kennzeichnen versehentlich bewegt, ist das **straflos** und Ball bzw. Ballmarker müssen zurückgelegt werden.

Die Lage eines aufzunehmenden Balls sollte dadurch gekennzeichnet werden, daß ein Ballmarker, eine kleine Münze oder ein ähnlicher Gegenstand unmittelbar hinter den Ball gelegt wird. Behindert der Ballmarker Spiel, Standposition oder Schlag eines anderen Spielers, sollte er um eine oder mehrere Schlägerkopflängen nach der Seite verlegt werden, welche die Behinderung aufhebt.

b. Fallenlassen und erneutes Fallenlassen 20-2.

Von wem und wie

Ein nach den Regeln fallenzulassender Ball muß vom Spieler selbst fallengelassen werden. Er muß aufrecht stehen, mit ausgestrecktem Arm den Ball in Schulterhöhe halten und ihn fallenlassen.Wird der Ball von jemand anders oder auf andere Weise fallengelassen und dieser Fehler nicht nach Regel 20-6. berichtigt, zieht sich der Spieler **einen Strafschlag** zu.

Berührt der Ball den Spieler, seinen Partner, einen ihrer Caddies oder ihre Ausrüstung, bevor oder nachdem er auf den Boden auftrifft, muß der Ball **straflos** erneut fallengelassen werden. Bei Wiederholung beliebig oft.

Wo fallenlassen

Ist ein Ball so nahe wie möglich einer bestimmten Stelle fallenzulassen, darf diese Stelle nicht näher zum Loch liegen. Falls diese Stelle dem Spieler nicht genau bekannt ist, muß sie geschätzt werden. Wird der Ball nicht so fallengelassen, gelten nachstehend Regel 20-6. und -7. ("Ball falsch fallengelassen").

Wann erneut fallenlassen

Ein fallengelassener Ball muß erneut **straflos** fallengelassen werden, wenn er

(1) in ein Hindernis rollt;
(2) aus einem Hindernis heraus rollt;
(3) auf ein Grün rollt;
(4) ins Aus rollt;
(5) in eine Lage rollt, durch die sich eine Behinderung ergibt, von der nach den Regeln für unbewegliches Hemmnis (24-2.) oder ungewöhnliche Bodenverhältnisse (25-1.) oder Zurückrollen in sein eigenes Einschlagloch Erleichterung in Anspruch genommen werden könnte;
(6) weiter als zwei Schlägerlängen von der Stelle wegrollt und zur Ruhe kommt, wo er zum erstenmal auf den Boden auftraf; oder
(7) näher zum Loch, als er ursprünglich lag, liegen bleibt.
(8) näher zum Loch liegen bleibt, als von dem Punkt aus, wo der Ball die Grenze der betreffenden Fläche (z.B. Boden in Ausbesserung) oder des Hindernisses gekreuzt hat.

Rollt der erneut fallengelassene Ball in eine Lage wie vorher aufgezählt, muß er so nahe wie möglich der Stelle hingelegt werden, wo er zum erstenmal auf den Boden auftraf, als er erneut fallengelassen wurde.

Ist der erneut fallenzulassende oder hinzulegende Ball nicht sogleich zu zu erlangen, darf ein anderer Ball eingesetzt werden.

c. Hinlegen und zurücklegen 20-3.

Von wem und wo

Ein Ball, der nach den Regeln hinzulegen ist, muß vom Spieler oder seinem Partner hingelegt werden.
Ein zurückzulegender Ball muß vom Spieler selbst, seinem Partner oder derjenigen Person, die ihn aufgenommen oder bewegt hatte, zurück- gelegt werden. Für irgendeinen Regelverstoß ist dabei in jedem dieser Fälle der Spieler verantwortlich.

Werden ein Ball oder der Ballmarker beim Hinlegen oder Zurücklegen des Balls versehentlich bewegt, ist das **straflos** und der Ball bzw. Ballmarker müssen an die ursprüngliche Stelle zurückgelegt werden.

Art der Lage eines hin- oder zurückzulegenden Balls verändert

War die ursprüngliche Art der Lage eines hin- oder zurückzulegenden Balls verändert worden,

(1) **außer in einem Hindernis**, muß der Ball in die nächste der ursprünglichen - möglichst ähnliche - Art der Lage hingelegt werden. Nicht weiter als eine Schlägerlänge entfernt und nicht näher zum Loch.

(2) **in einem Wasserhindernis**, muß der Ball wie vorstehend erklärt, hingelegt werden, jedoch im Wasserhindernis.

(3) **in einem Bunker**, muß die ursprüngliche Lage so gut wie möglich wieder hergestellt und der Ball in diese Lage hingelegt werden.

Stelle nicht feststellbar
Wenn es nicht möglich ist, die Stelle festzustellen, wo der Ball hin- oder zurückzulegen ist:

(4) **im Gelände**, muß der Ball so nahe wie möglich dem Ort, wo er gelegen hatt, im Gelände fallengelassen werden;

(5) **im Hindernis**, muß der Ball so nahe wie möglich dem Ort, wo er gelegen hatt, im Hindernis fallengelassen werden;

(6) **auf dem Grün**, muß der Ball so nahe wie möglich dem Ort, wo er gelegen hatt, auf dem Grün hingelegt werden.

Kommt der Ball nicht zur Ruhe
an der Stelle, wo er hingelegt wurde, muß er **straflos** zurückgelegt werden.

Bleibt der Ball abermals nicht liegen

(7) **außer in einem Hindernis**, muß er an der nächsten Stelle, wo er liegenbleiben kann, nicht näher zum Loch, hingelegt werden;

(8) **in einem Hindernis**, muß er an der nächsten Stelle, wo er liegenbleiben kann, nicht näher zum Loch in dem Hindernis hingelegt werden;

STRAFE FÜR REGELVERSTOSS 20-1. bis -3.
Lochspiel - Lochverlust; Zählspiel - Zwei Schläge

d. Fallengelassener oder hingelegter Ball im Spiel 20-4.

War des Spielers Ball im Spiel aufgenommen worden, ist er wieder im Spiel, sobald er fallengelassen oder hingelegt worden ist.

Ein für einen anderen Ball eingesetzter Ball wird Ball im Spiel, wenn er regelgerecht fallengelassen oder hingelegt worden ist, egal ob die betreffende Regel es gestattet oder nicht.

e. Nächsten Schlag von der Stelle des vorhergegangenen spielen 20-5.

Will oder muß ein Spieler gemäß den Regeln seinen nächsten Schlag von dort spielen, wo ein vorhergegangener Schlag gespielt worden war, muß er folgendermaßen verfahren:

(1) **ist der Schlag vom Abschlag** zu spielen, muß der zu spielende Ball von irgendwo innerhalb des Abschlags gespielt und darf dort auch aufgesetzt werden.

(2) **ist der Schlag in Gelände oder Hindernis** zu spielen, muß der Ball fallengelassen werden;

(3) **ist der Schlag auf dem Grün** zu spielen, muß der Ball hingelegt werden.

STRAFE FÜR REGELVERSTOSS 20-5.
Lochspiel - Lochverlust; Zählspiel - Zwei Schläge

f. Ein für einen anderen Ball falsch eingesetzten, falsch fallengelassenen oder hingelegten Ball aufnehmen 20-6.

Ein am falschen Ort oder sonstwie nicht in Übereinstimmung mit den Regeln fallengelassener oder hingelegter, aber nicht gespielter Ball darf **straflos** aufgenommen werden und es muß anschließend regelgerecht verfahren werden.

g. Von falschem Ort spielen 20-7.

Außerhalb des Abschlags oder vom falschen Abschlag gespielt, siehe Regel 11-4. und -5.

Im Lochspiel
Spielt ein Spieler einen Schlag mit einem Ball, der an einem falschen Ort fallengelassen oder hingelegt worden ist, so ist die Strafe **Lochverlust**.

Im Zählspiel
Spielt ein Bewerber einen Schlag mit seinem Ball im Spiel, der am falschem Ort fallengelassen oder hingelegt worden ist, oder nachdem er bewegt und nicht zurückgelegt worden ist, obwohl es die Regeln vorschreiben, erhällt er die vorgeschriebene Strafe und muß das Loch zuende spielen.

Anders verhält es sich, wenn der Spieler einen übermäßigen Vorteil haben würde. Dann liegt ein schwerwiegender Verstoß vor.

Wird sich ein Bewerber nach dem Spielen von falschem Ort dieser Tatsache bewußt, den vorgenannten Fehler begangen zu haben und nimmt an, es könne sich um einen schwerwiegenden Verstoß handeln, darf er erklären, er werde das Loch mit einem zweiten, regelgerecht fallengelassenen oder hingelegten Ball zu Ende spielen. Voraussetzung ist allerdings, er hat noch keinen Schlag vom nächsten Abschlag gespielt bzw., sofern es sich um das letzte Loch der Runde handelt, das Grün noch nicht verlassen.

Der Bewerber muß den gesamten Sachverhalt der Spielleitung melden, bevor er seine Zählkarte einreicht; versäumt er dies, wird er **disqualifiziert..**

Die Spielleitung muß feststellen, ob es sich um einen schwerwiegenden Verstoß gehandelt hat. Ist dies der Fall, gilt die Schlagzahl mit dem zweiten Ball und der Bewerber muß **zwei Strafschläge** seiner Schlagzahl mit dem zweiten Ball hinzurechnen.

Bei schwerwiegendem Verstoß, den der Bewerber nicht in der vorbezeichneten Weise behoben hat, wird er **disqualifiziert.**

Ball reinigen Regel 21

Ein aufgenommener Ball darf stets gereinigt werden; jedoch mit drei Ausnahmen:

Er darf nicht gereinigt werden, wenn er aufgenommen wurde:
(1) um festzustellen, ob er zum Spielen unbrauchbar ist;
(2) zur Identifizierung nur in dem Maß, wie es unerläßlich ist;
(3) wegen Behinderung oder Unterstützung des Spiels.

Eine besondere Ausnahme von Ausnahme (3) gilt nach Regel 16-1.b. auf dem Grün: ein auf dem Grün aufgenommener Ball darf gereinigt werden.

Wird der Ball unerlaubt gereinigt oder nicht zurückgelegt, zieht sich der Spieler die Strafe von **einem Schlag** zu.

Ein Ballaufnehmen mit Reinigungsmöglichkeit kann infrage kommen:
(1) zur Identifizierung nur in dem Maß, wie es unerläßlich ist,
(2) wenn er auf dem Fairway in seinem Einschlagloch liegen bleibt,
(3) bei Spielunterbrechung,
(4) wenn er falsch fallengelassen worden ist,
(5) wenn Erleichterung durch Hemmnis in Anspruch genommen wurde,
(6) auf dem Grün
(7) Besserlegen gemäß Platzregel,
(8) Ball unspielbar oder Aus,
(9) bei ungewöhnlichen Bodenverhältnissen,
(10) im Zusammenhang mit der Regel "Ball bewegt, abgelenkt",
(11) beim Spielen eines falschen Balls.

Ball behindert oder unterstützt Spiel Regel 22

Jeder Spieler darf
a. seinen Ball aufnehmen, wenn er der Ansicht ist, der Ball könne einen anderen Spieler unterstützen, oder

b. einen anderen Ball aufnehmen lassen, wenn er der Ansicht ist, der Ball könne sein eigenes Spiel behindern oder das Spiel eines anderen Spielers unterstützen,

ein anderer Ball darf dabei nicht in Bewegung sein.
Im Zählspiel darf ein Spieler, der zum Aufnehmen seines Balls aufgefordert wird, stattdessen zuerst spielen.

Der aufgenommene Ball muß zurückgelegt werden.
Wird ein Ball bei Anwendung dieser Regel versehentlich bewegt, muß er **straflos** zurückgelegt werden.

STRAFE FÜR REGELVERSTOSS
Lochspiel - Lochverlust; Zählspiel - Zwei Schläge

Lose hinderliche Naturstoffe Regel 23

Lose hinderliche Naturstoffe sind natürliche Dinge, Bestandteile der Natur: Steine, Äste, Zweige, Blätter, Eicheln, Kot, Würmer, Insekten sowie von ihnen abstammende Haufen etc., die nicht angewachsen, befestigt und fest eingebettet sind und auch nicht am Ball haften, desgleichen der verdichtete Aushub zur Bodenbelüftung. Steine, auch wenn sie halb einbettet sind und leicht ausgehoben werden können, gehören dazu.

Loses Erdreich und Sand zählen nicht zu losen hinderlichen Naturstoffen - ausgenommen auf dem Grün.
Schnee und Eis (nicht aber Tau und Reif) sind lose hinderliche Naturstoffe oder zeitweiliges Wasser. Dies kann der Spieler wählen.

Erleichterung 23-1.

Loser hinderlicher Naturstoff darf **straflos** fortbewegt werden (außer der lose hinderliche Naturstoff oder der Ball liegen in einem Hindernis), Bewegt sich dabei der Ball gilt Regel 18-2.

(Regel 18-2.: Ball im Gelände bewegt sich beim Berühren loser hinderlicher Naturstoffe innerhalb einer Schlägerlänge, Ball zurücklegen - ein Strafschlag; auf dem Grün hingegen straflos)

STRAFE FÜR REGELVERSTOSS
Lochspiel - Lochverlust; Zählspiel - Zwei Schläge

Hemmnisse

Hemmnis ist alles Künstliche, eingeschlossen die künstlichen Oberflächen und Begrenzungen von Straßen und Wegen sowie Kunsteis, ausgenommen:
(1) Gegenstände, die Aus kennzeichnen, wie Mauern, Zäune, Pfosten und Geländer;
(2) jeglicher im Aus befindliche Bestandteil eines unbeweglichen künstlichen Gegenstandes;
(3) jegliche von der Spielleitung zum Bestandteil des Platzes erklärte Anlage; (Bekanntgabe auf Zählkarten und überall dort, wo sonst Platzregeln bekanntgemacht werden) .

Bewegliches Hemmnis 24-1.

(Zum Beispiel Bänke, Harken, Pappbecher, Flaschen, Zigarettenstummel, zurückgegelassene Platzpflege- Werkzeuge und -Hilfsmittel)

Von einem beweglichen Hemmnis darf der Spieler Erleichterung wie folgt in Anspruch nehmen:

(1) **Liegt der Ball nicht in oder auf dem Hemmnis**, darf das Hemmnis entfernt werden. Bewegt sich der Ball, muß er zurückgelegt werden, und dies ist **straflos**, sofern das Bewegen des Balls unmittelbar auf das Entfernen des Hemmnisses zurückzuführen ist. In anderen Fällen gilt Regel 18-2. "Ball in Ruhe bewegt".

(2) **Liegt der Ball in oder auf dem Hemmnis**, darf der Ball **straflos** aufgenommen und das Hemmnis entfernt werden. Der Ball muß so nahe wie möglich der Stelle - unmittelbar unterhalb derjenigen, wo er in oder auf dem Hemmnis lag - nicht näher zum Loch, im Gelände oder Hindernis fallengelassen, auf dem Grün hingelegt werden.

Ein Hemmnis, welches die Bewegung des Balls beeinflussen könnte, darf - solange der Ball in Bewegung ist - nicht entfernt werden; ausgenommen davon sind ein bedienter Flaggenstock oder Spielerausrüstungen.
Ist der fallenzulassene Ball nicht sogleich wieder zu erlangen, darf ein anderer eingesetzt werden.

Unbewegliches Hemmnis 24-2.

Zum Beispiel Mauern, feststehende Bänke und Abfallbehälter, Seile und Pfähle zum Stützen von Bäumen, Fahnenstangen, Hinweisschilder, Sprengwasserauslässe, Steuerkästen für die Bewässerung.

Künstliche Stützkonstruktionen für Abschläge bzw. Grüns, auch Bunkerwände aus Brettern oder Eisenbahnschwellen sind unbewegliches Hemmnis, wenn sie nicht zum Bestandteil des Platzes erklärt worden sind.

a. Behinderung

Behinderung durch ein unbewegliches Hemmnis ist gegeben, wenn ein Ball darin, darauf oder so dicht daran liegt, daß die Standposition des Spielers oder der beabsichtigte Schwung durch das Hemmnis behindert sind.

Liegt der Ball auf dem Grün, ist die Behinderung auch dann gegeben, wenn ein unbewegliches Hemmnis die Puttlinie beeinträchtigt.
In anderen Fällen ist ein unbewegliches Hemmnis auf der Spiellinie keine Behinderung nach dieser Regel.

Es kann also keine straflose Erleichterung in Anspruch genommen werden, wenn das Hemmnis zwar auf meiner Spiellinie liegt, aber weder die Standposition noch den beabsichtigten Schwung behindert.

b.Erleichterung

Ein Spieler darf Erleichterung bei Behinderung durch ein unbewegliches Hemmnis in Anspruch nehmen (Ausnahme der Ball liegt in einem Wasserhindernis):

(1) **Im Gelände**: Liegt der Ball im Gelände, muß der dem Ball nächstgelegene Punkt auf dem Platz festgestellt werden

der a. nicht näher zum Loch liegt,
b. die definierte Behinderung ausschließt und
c. sich nicht in einem Hindernis oder auf einem Grün befindet.

(Ohne Kreuzen unter dem Hemmnis hindurch, darüber hinweg oder durch das Hemmnis hindurch; ausgenommen künstlich angelegte Oberflächen und Begrenzungen von Straßen und Wegen . Weitere Ausnahme: der Ball liegt in oder auf dem Hemmnis).

Der Spieler muß den Ball aufnehmen und ihn innerhalb einer Schlägerlänge von dem so festgestellten Bezugspunkt auf den Boden fallenlassen; **straflos.**

Nachstehend sind Beispiele zeichnerisch dargestellt. Unbewegliches Hemmnis ist dabei ein befestigter Weg.

<u>Diese zeichnerische Darstellung gilt auch für andere unbewegliche Hemmnisse.</u>

BEISPIEL 1: Der Bezugspunkt befindet sich rechts (A) oder links (B) eines befestigten Weges. Der näher zum Ball liegende Punkt, ist dann der geltende Bezugspunkt (siehe Beispiel 2).

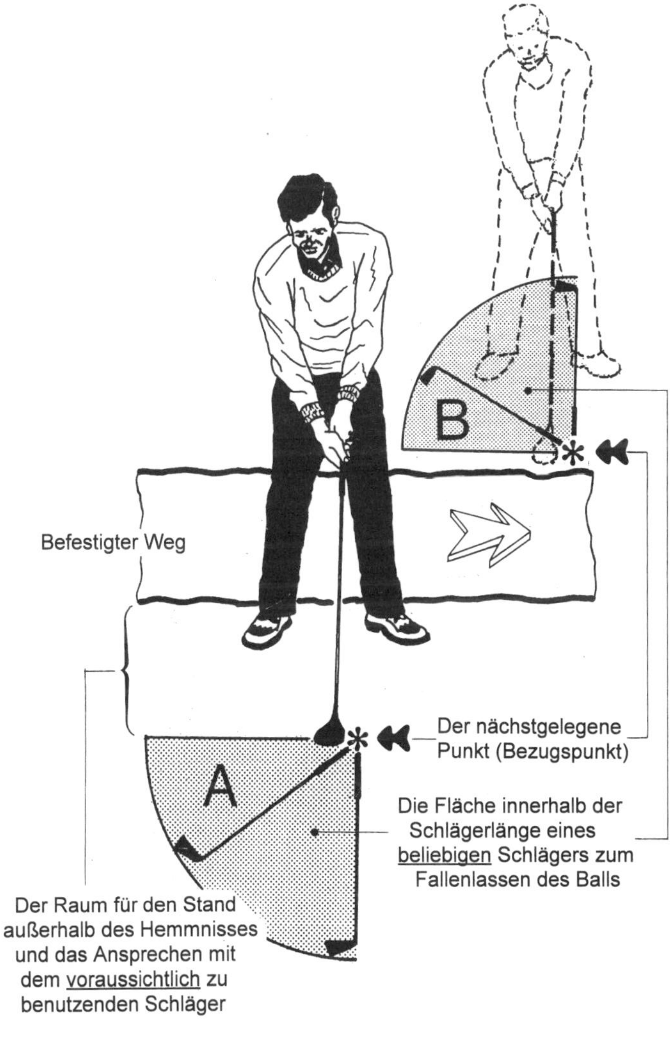

BEISPIEL 2: Der Ball liegt auf einem befestigten Weg. Der infrage kommende Bezugspunkt ist R auf der linken Seite, denn der nächstgelegene Punkt zum Ball ist der kürzere Abstand R.

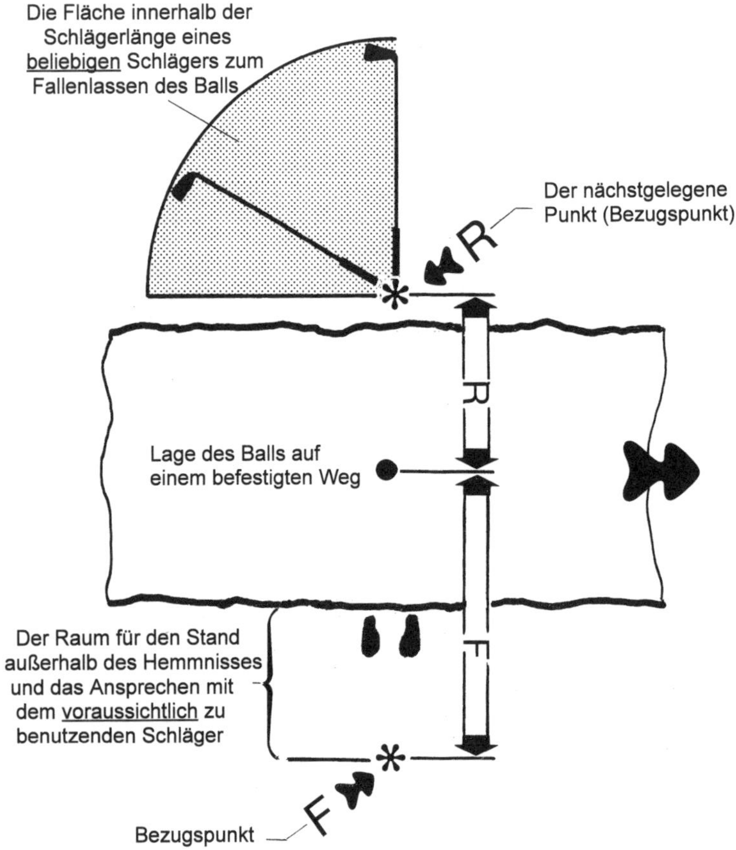

Anmerkung. Es gibt nur *einen* Bezugspunkt, selbst wenn dieser dort liegt, wo der Ball schlecht oder gar unspielbar liegen würde. Ausnahme: der Bezugspunkt liegt im Hindernis, dann kann im vorstehenden Beispiel zur anderen Seite gelegt werden.

(2) **Im Bunker**: Liegt der Ball in einem Bunker oder berührt ihn, muß ihn der Spieler (wie in 1 beschrieben) aufnehmen und im Bunker fallenlassen;
straflos.

(3) **Auf dem Grün**: Liegt der Ball auf dem Grün, darf ihn der Spieler aufnehmen und an die nächstgelegene Stelle auf dem Grün hinlegen, die Erleichterung von der Behinderung ermöglicht. Nicht näher zum Loch;
straflos.

(4) **Im Wasserhindernis**: Liegt der Ball in einem Wasserhindernis oder berührt es, darf der Spieler Erleichterung wegen Behinderung durch unbewegliches Hemmnis **nicht** in Anspruch nehmen. Er muß den Ball spielen wie er liegt oder nach Regel 26 "Wasserhindernis" verfahren.

Ausnahme: Erleichterung nach dieser Regel darf dann nicht in Anspruch genommen werden, wenn

a. es für den Spieler unvernünftig wäre, wegen Behinderung durch irgend etwas anderes als ein unbewegliches Hemmnis, einen Schlag zu spielen. Oder
b. die Behinderung durch ein unbewegliches Hemmnis ausschließlich durch eine unnötig abnorme Standposition, einen Schwung oder eine Spielrichtung eintreten würde.

c. Ball verloren

Liegen berechtigte Anzeichen dafür vor, daß ein Ball in einem unbeweglichen Hemmnis verloren ist, darf der Spieler, ausgenommen in einem Wasserhindernis, einen anderen Ball einsetzen und nach vorstehender Regel 24-2.b. verfahren;
straflos.

Dabei gilt der Ball als an der Stelle liegend, wo er in das Hemmnis hineingegangen ist, (siehe auch Zeichnung Seite 119 Anwender - Kurzfassung).
Ist der Ball innerhalb eines Hindernisses in einem unterirdischen Abflußrohr oder -kanal verloren, muß der Ball in dem Hindernis fallengelassen werden, oder der Spieler muß nach Regel 26-1. "Ball im Wasserhindernis" verfahren.

STRAFE FÜR REGELVERSTOSS
Lochspiel - Lochverlust; Zählspiel - Zwei Schläge

Ungewöhnliche Bodenverhältnisse und falsches Grün Regel 25

Zeitweiliges Wasser ist jede vorübergehende Wasseransammlung auf dem Platz außerhalb eines Wasserhindernisses, die sichtbar zutage tritt, bevor oder nachdem der Spieler seine Standposition bezieht. Ein Ball liegt bereits im zeitweiligen Wasser, wenn er es berührt.
Schnee und natürliches Eis sind zeitweiliges Wasser oder loser hinderlicher Naturstoff (siehe Seite 66). Der Spieler kann wählen. Künstlich hergestelltes Eis ist Hemmnis (siehe Seite 67). Tau und Reif sind kein zeitweiliges Wasser.

Boden in Ausbesserung ist jeder Teil des Platzes, der durch blaue Pfähle oder Linien gekennzeichnet ist. Zur Beseitigung angehäuftes Material und von Platzpflegern gemachte Löcher sind, auch wenn sie nicht besonders gekennzeichnet sind, ebenfalls Boden in Ausbesserung.
Die Pfosten und Linien gehören zum Boden in Ausbesserung. Boden in Ausbesserung erstreckt sich von den Grenzen senkrecht nach unten, aber nicht nach oben,

Die Spielleitung darf durch Platzregel bestimmen, daß von Boden in Ausbesserung - oder einem so bezeichneten Biotop - nicht gespielt werden darf.

Zeitweiliges Wasser, Boden in Ausbesserung und Schäden am Platz 25-1.

a. Behinderung durch

- zeitweiliges Wasser,
- Boden in Ausbesserung oder Loch,
- Aufgeworfenes oder Laufspur eines Erdgänge grabendenTieres, eines Reptils oder Vogels,

ist gegeben, wenn

- ein Ball darin liegt oder es berührt,
- die Standposition des Spielers oder
- der beabsichtigte Schwung behindert wird.
- Auf dem Grün erstreckt sich die Behinderung auch auf die Puttlinie .

Bei Behinderung darf der Ball gespielt werden wie er liegt (sofern nicht durch Platzregel untersagt), oder Erleichterung wie folgt in Anspruch genommen werden.

b. Erleichterung

(1) **Im Gelände**

Es muß der dem Ball nächstgelegene Punkt, der sogenannte Bezugspunkt, festgestellt werden, der

- nicht näher zum Loch liegt,
- die Behinderung ausschließt,
- sich nicht in einem Hindernis oder auf dem Grün befindet.

Der Ball ist aufzunehmen und innerhalb einer Schlägerlänge von dem so festgestellten Punkt auf den Boden fallenzulassen; **straflos.**
(Analog Regel 24-2.b Erleichterung unbewegliches Hemmnis).

(2) **Im Hindernis** (ausgenommen Wasserhindernis)
Der Ball ist so nahe wie möglich der Stelle, wo er lag und Erleichterung gegeben ist, fallenzulassen;
straflos.

Er kann auch außerhalb des Hindernisses auf der verlängerten Linie zwischen der Lage des Balls und dem Loch fallengelassen werden;
ein Strafschlag.

Beispiel: ein Bunker steht ganz unter Wasser. Der Spieler darf den Ball im Bunker an der flachsten Stelle des zeitweiligen Wassers auf der verlängerten Linie so nahe wie möglich der Stelle, wo der Ball gelegen hat, nicht näher zum Loch, fallenlassen.

(3) **Auf dem Grün**
Der Ball kann nahe der Stelle, an der er lag, behinderungfrei hingelegt werden, nicht näher zum Loch;
straflos.

c. Ball unter den Umständen vorstehender Regel 25-1. verloren Zeitweiliges Wasser, Boden in Ausbesserung, Schäden am Platz.

Bestehen Zweifel, ob ein in die entsprechende Richtung geschlagener Ball darin liegt oder nicht, gilt er als verloren (Regel 27 Seite 84).

(1) **Ball außerhalb eines Hindernisses verloren**,
Es muß von dort, wo der Ball zuletzt die Grenze der betreffenden Fläche gekreuzt hat, der nächstgelegene Punkt (der sog.,Bezugspunkt) festgestellt werden:

- der nicht näher zum Loch liegt als der Punkt, wo der Ball zuletzt die Grenze der betreffenden Fläche gekreuzt hat,
- die Behinderung ausschließt und
- sich nicht in einem Hindernis oder auf einem Grün befindet

Der Spieler muß einen Ball innerhalb einer Schlägerlänge von dem so festgestellten Bezugspunkt auf den Boden fallenlassen;
straflos.

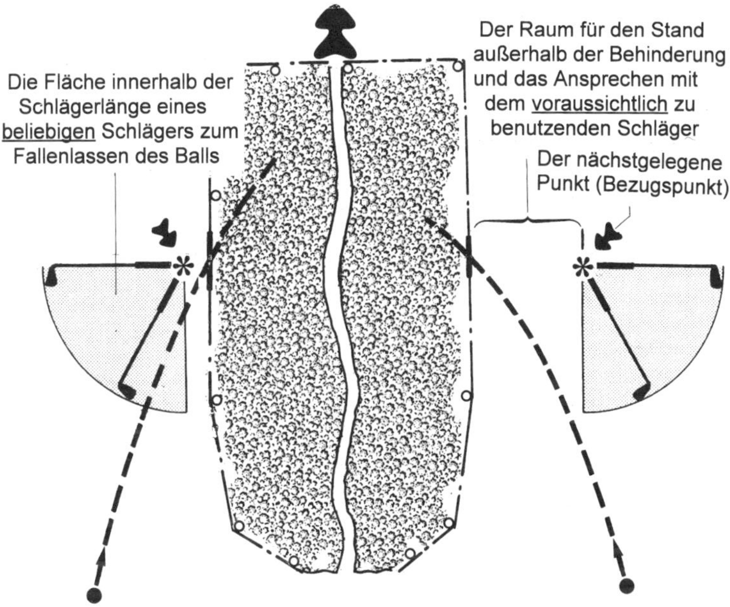

(2) **Ball im Hindernis verloren**, (ausgenommen Wasserhindernis)
Der Spieler darf den Ball
a. in dem Hindernis so nahe wie möglich dem Punkt, wo der vorausgegangene Ball zuletzt die Grenze der betreffenden Fläche gekreuzt hat, fallenlassen. Behinderungsfrei und nicht näher zum Loch;
straflos oder

b. außerhalb des Hindernisses fallenlassen. In beliebiger Entfernung auf der verlängerten Linie zwischen dem Loch und der Stelle, wo der Ball zuletzt die Hindernisgrenze gekreuzt hat;
ein Strafschlag.

Eingebetteter Ball 25-2.

Ein im Gelände auf irgendeiner kurzgemähten Fläche in sein Einschlagloch im Boden eingebetteter Ball darf aufgenommen, gereinigt und so nahe wie möglich der Stelle, wo er lag, nicht näher zum Loch, fallengelassen werden; **straflos**

Unter kurzgemähter Fläche wird jede Fläche auf dem Platz verstanden, Wege durch Rough eingeschlossen, die wie das Fairway oder kürzer geschnitten sind.

Falsches Grün 25-3.

Ein Ball, der auf einem anderen Grün als dem des zu spielenden Lochs liegt, muß aufgenommen werden und es ist dann wie folgt zu verfahren.
Es muß der nächstgelegene Punkt festgestellt werden, der sich

- nicht auf einem Grün,
- nicht näher zum Loch und
- nicht in einem Hindernis befindet

Von dem so festgestellten Punkt ist der Ball innerhalb einer Schlägerlänge fallenzulassen; **straflos**

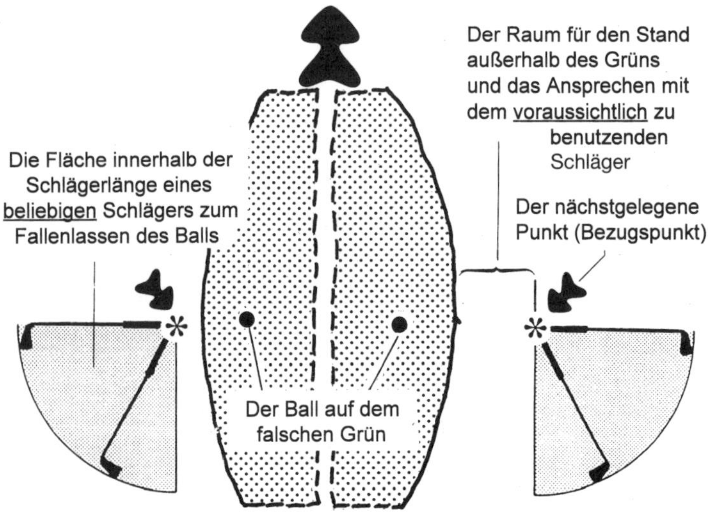

STRAFE FÜR REGELVERSTOSS
Lochspiel - Lochverlust; Zählspiel - Zwei Schläge

Wasserhindernisse (einschließlich seitlicher Wasserhindernisse)

Regel 26

Ist ein Ball in einem Wasserhindernis 26-1.
(auch wenn er es berührt, gilt er als darin liegend) oder ist darin verloren hat der Spieler drei Möglichkeiten:
(für das seitliche Wasserhindernis noch eine vierte dazu),

(1) den Ball spielen wie er liegt, wenn er als spielbar beurteilt wird; **straflos.**

(Durch Platzregel darf das Spielen von einem Biotop untersagt werden, wenn das Wasserhindernis als solcher bezeichnet ist).

(2) den Schlag wiederholen: einen Ball so nahe wie möglich von der Stelle schlagen, von wo der vorausgegangene gespielt wurde; **ein Strafschlag.**

(3) einen Ball in beliebiger Entfernung hinter dem Wasserhindernis fallenlassen. Auf einer gedachten Linie vom Loch zu dem Punkt, an dem der Ball zuletzt die Hindernigrenze gekreuzt hat; **ein Strafschlag.**

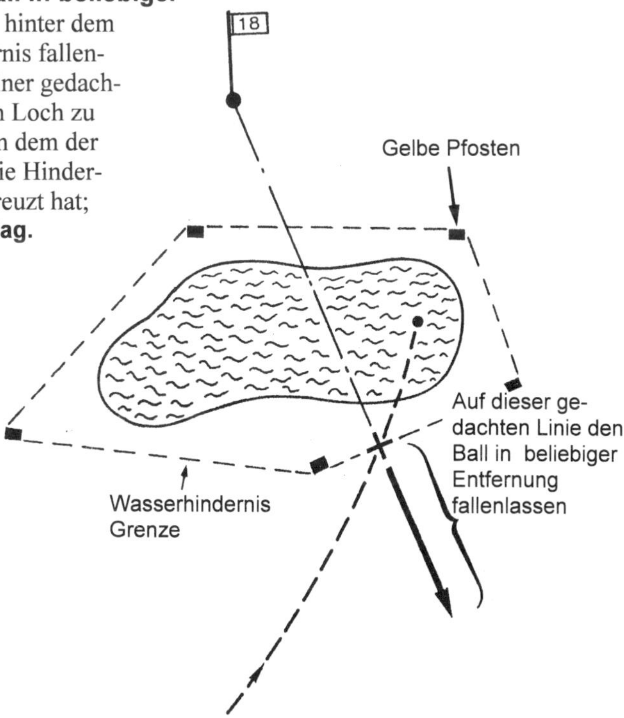

Für das seitliche Wasserhindernis die vierte Möglichkeit ,

(4) einen Ball außerhalb des Wasserhindernisses fallenlassen innerhalb zweier Schlägerlängen von dem Punkt, wo der ursprüngliche Ball zuletzt die Grenze des Wasserhindernisses gekreuzt hat.
Oder von einem auf der gegenüberliegenden Grenze des Wasserhindernisses, gleich weit vom Loch entfernten Punkt;
ein Strafschlag.

Der Ball darf nicht näher zum Loch zur Ruhe kommen als der Punkt, wo der ursprüngliche Ball zuletzt die Grenze des Wasserhindernisses gekreuzt hat.

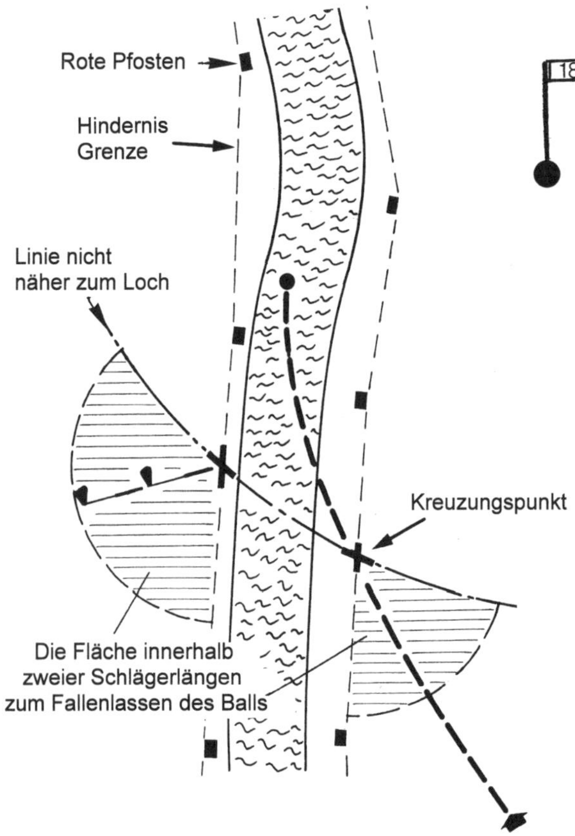

Ball im Wasserhindernis gespielt 26-2.

a. Der im Hindernis geschlagene Ball liegt abermals im Hindernis oder ist außerhalb des Hindernisses verloren oder Aus
Der Spieler hat drei Möglichkeiten:

(1) den Schlag wiederholen: Einen Ball so nahe wie möglich von der Stelle schlagen, von wo der vorausgegangene gespielt wurde;
ein Strafschlag.

(2) Einen Ball hinter dem Wasserhindernis in beliebiger Entfernung fallenlassen. Auf einer gedachten Linie vom Loch zu dem Punkt, an dem der Ball die Hindernisgrenze gekreuzt hat;
zwei Strafschläge.

(3) Den Schlag außerhalb des Hindernisses wiederholen (der den Ball ins Hindernis brachte).
D.h. den nächsten Schlag so nahe wie möglich von der Stelle spielen, von welcher der letzte Schlag außerhalb des Hindernisses ausgeführt wurde;
zwei Strafschläge.

b. Der im Hindernis geschlagene Ball wird außerhalb des Hindernisses für unspielbar erklärt
Der Spieler hat fünf Möglichkeiten, die drei vorgenannten und zusätzlich zwei weitere:

(4) einen Ball innerhalb zweier Schlägerlängen von der Stelle, wo er für unspielbar erklärt wurde, fallenlassen; nicht näher zum Loch;
ein Strafschlag.

(5) einen Ball in beliebiger Entfernung hinter dem Punkt fallenlassen, wo der unspielbare Ball lag. Auf der gedachten Linie zwischen diesem Punkt und dem Loch;
ein Strafschlag.

STRAFE FÜR REGELVERSTOSS
Lochspiel - Lochverlust; Zählspiel - Zwei Schläge

Ball innerhalb oder ausserhalb des Hindernisses verloren?
Bestehen Zweifel, daß der Ball im Hindernis liegt, gilt er als verloren.

Ball verloren oder Aus (Regel 27): den Schlag wiederholen; d.h. einen Ball so nah wie möglich von der Stelle spielen, von wo der ursprüngliche Ball zuletzt gespielt worden ist.

AUF EINEN BLICK

Im Wasserhindernis: darf man nicht / darf man

Darf man nicht

Strafe für Regelverstoß: LS - Lochspiel, ZS - Zählspiel
LV - Lochverlust
2S - 2 Schläge
1S - 1 Schlag

(1) **lose hinderliche Naturstoffe** berühren oder bewegen, die im Hindernis liegen oder es berühren, LV / 2 S

(2) **den Boden oder Wasser** mit einem Schläger oder sonst wie berühren, (außer: zur Vermeidung eines Sturzes; beim Hemmnis entfernen, Nachmessen, Erlangen des Balls oder aufnehmen gem. Regel, Hinlegen des Schlägers), LV / 2 S

(3) **die Beschaffenheit** des Hindernisses prüfen, LV / 2 S

(4) **den Ball zur Identifizierung** aufnehmen, ZS / LS : 1S / 1S

(5) **den Schläger** beim Ansprechen aufsetzen, LV / 2 S

(6) **Erleichterung durch unbewegliches Hemmnis** in Anspruch nehmen, LV / 2S

(7) **Erleichterung von Loch, Aufgeworfenem** oder Laufspur eines Erdgänge grabenden Tieres, eines Reptils oder eines Vogels in Anspruch nehmen, LV / 2S

(8) **den Ball für unspielbar** erklären, LV / 2S

(9) **die Lage des Balls, Spiellinie** oder Raum des beabsichtigten Schwungs, durch Bewegen, Biegen oder Brechen von Angewachsenem oder Befestigtem, verbessern. LV / 2S

darf man (straflos)

(1) **bewegliche Hemmnisse** entfernen (künstliche Dinge, Getränkedosen, Zigarettenreste, Pappbecher, Harken, u.a.m.),

(2) **den falschen Ball** spielen,

(3) **Jederzeit**, einschließlich beim Ansprechen und Aufschwung zum Schlag, mit einem Schläger oder sonstwie berühren: jederlei Hemmnis, zum Bestandteil des Platzes erklärte Anlagen, Gras, Busch, Baum oder sonstiges Angewachsene.

(4) **beim Suchen**:

Gebüsch, langes Gras oder dergleichen, berühren oder biegen, vorausgesetzt, daß dadurch Ballage, der Raum des Schwungs oder Spiellinie nicht verbessert werden; von losen hinderlichen Naturstoffen **nur** soviel entfernen wie notwenwendig ist einen Teil des Balls zu sehen. Mit zuviel Entferntem muß der Ball wieder bedeckt und - sofern dabei bewegt - zurückgelegt werden.

(5) **den Schlag ausführen**, wenn sich der Ball im Wasser bewegt und unverzüglich geschlagen wird.

Ball verloren oder Aus, provisorischer Ball Regel 27

Ball verloren oder Aus Regel 27-1.

Ist ein Ball (außerhalb eines Wasserhindernisses) verloren oder Aus:

Schlag wiederholen, mit **einem Strafschlag**

D.h. einen Ball so nahe wie möglich der Stelle spielen, von wo der ursprüngliche Ball zuletzt gespielt wurde.

STRAFE FÜR REGELVERSTOSS
Lochspiel - Lochverlust; Zählspiel - Zwei Schläge

Ein Ball ist auch dann verloren, wenn
- er binnen 5 Minuten nicht gefunden wird,
- ein anderer Ball regelgerecht ins Spiel gebracht wurde, selbst ohne nach dem ursprünglichen Ball gesucht zu haben,
- der provisorische Ball zum Ball im Spiel geworden ist.
- er nicht identifiziert werden kann (siehe auch Seite 23 Ball im Baum).

Ergänzende Beispiele

- Wird die Suchzeit von 5 Minuten überschritten, ist der Ball verloren. Findet und spielt der Spieler den ursprünglichen Ball dennoch, so spielt er einen "falschen Ball".

- Findet der Spieler seinen ursprünglichen Ball, nachdem er einen provisorischen Ball gespielt hat, und setzt das Spiel mit dem Provisorischen fort, ist es "Spielen eines falschen Balls".

- Der Spieler schöpft die Suchzeit von 5 Minuten nicht aus, kehrt zum Abschlagpunkt zurück und sein Ball wird noch gefunden. Der ursprüngliche Ball ist Ball im Spiel geblieben, da der "neue" Ball noch nicht gespielt wurde.

Provisorischer Ball

Regel 27-2.

Besteht der Verdacht, daß der Ball (außerhalb eines Wasserhindernisses) verloren oder Aus ist, darf der Spieler zur Zeitersparnis von gleicher Stelle einen provisorischen Ball spielen.
Er muß seinen Mitspielern die Absicht, einen provisorischen Ball zu spielen, unmißverständlich mitteilen, bevor diese den ursprünglichen Ball suchen. Versäumt er dies und spielt einen Ball, ist dieser Ball der Ball im Spiel. Der ursprüngliche Ball gilt als verloren.

Der provisorische Ball wird außerdem zum Ball im Spiel, wenn ein Schlag von dem Ort, wo sich der ursprüngliche Ball mutmaßlich befindet, oder von einem Punkt, der näher zum Loch liegt, ausgeführt wird.

Wird der ursprüngliche Ball nach dem Spielen eines provisorischen Balls gefunden, muß der ursprüngliche Ball weitergespielt werden.

Es zählt drei, wenn der provisorische Ball zum Ball im Spiel wurde:
1 Schlag ins Aus oder verloren, 1 Schlag provisorischer Ball,
1 Strafschlag.

STRAFE FÜR REGELVERSTOSS
Lochspiel - Lochverlust; Zählspiel - Zwei Schläge

Ergänzende Beispiele

- Einen provisorischen Ball für einen in das Wasserhindernis gespielten Ball gibt es nicht. Geht jedoch ein Ball in Richtung Wasserhindernis, das von nicht einsehbarem Fairway oder Rough umgeben ist, darf ein provisorischer Ball gespielt werden, da der Ball auch außerhalb des Hindernisses verloren sein könnte. Wird dann der ursprüngliche Ball im Hindernis gefunden, so muß der provisorische Ball aufgegeben werden.

- Der ursprüngliche Ball wird unspielbar aufgefunden, nachdem der provisorische Ball gespielt worden ist und gut liegt. Der provisorische Ball muß dennoch aufgegeben werden.

- Ohne ausdrückliche Ankündigung des provisorischen Balls wird der zweite Ball zum Ball im Spiel, auch dann, wenn der ursprüngliche Ball gefunden wird.

Der Spieler darf seinen Ball an jedem Ort des Platzes für unspielbar erklären, (außer der Ball liegt im Wasserhindernis).
Ob der Ball unspielbar ist, unterliegt einzig und allein der Entscheidung des Spielers.

Ein wegen Unspielbarkeit fallengelassener und abermals unspielbar liegender Ball ist Ball im Spiel; das erneute Fallenlassen also nicht straflos.

Wenn der Ball für unspielbar erklärt wird, hat der Spieler drei Möglichkeiten:

(1) Den Schlag wiederholen,
den Ball aufnehmen, zurückgehen und so nahe wie möglich an der Stelle fallenlassen - oder aufteen, wenn es der Abschlag war - , von der aus der Schlag davor vorgenommen wurde. Dann den Schlag erneut ausführen;
ein Strafschlag

(2) einen Ball innerhalb zweier Schlägerlängen von der Stelle, wo der Ball lag, nicht näher zum Loch, fallenlassen. Liegt der Ball in einem Bunker, so muß er im Bunker fallengelassen werden;
ein Strafschlag.

Ruht der identifizierte Ball beispielsweise in einem Baum, so liegt der Bezugspunkt direkt unterhalb des im Baum liegenden Balls;

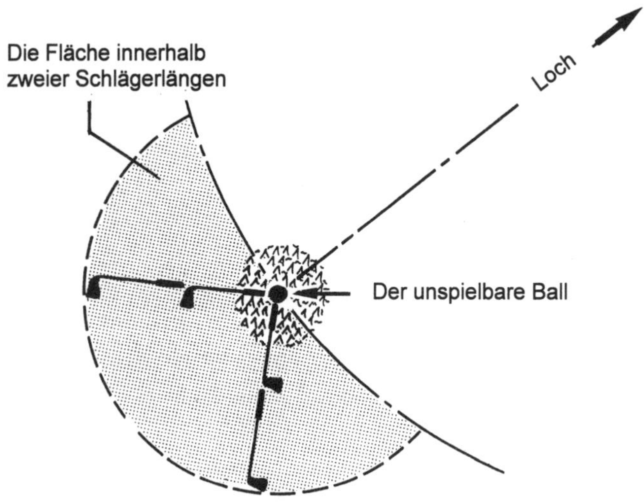

(3) einen Ball in beliebiger Entfernung hinter dem Punkt fallenlassen, wo der Ball lag. Und zwar auf der Verlängerung einer gedachten Linie von diesem Punkt zum Loch.
Liegt der Ball unspielbar im Bunker, muß er im Bunker fallengelassen werden;
ein Strafschlag.

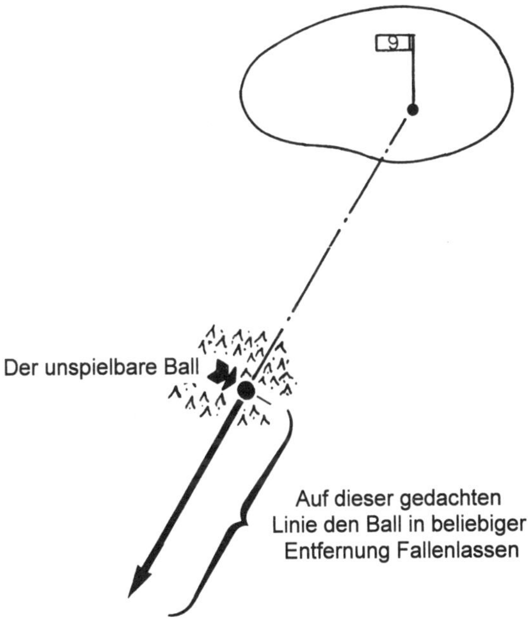

STRAFE FÜR REGELVERSTOSS
Lochspiel - Lochverlust; Zählspiel - Zwei Schläge

BESONDERE SPIELFORMEN

Dreier und Vierer Regel 29

Drei oder vier Spieler bilden zwei Parteien. Im Dreier spielt einer gegen zwei, im Vierer spielen zwei gegen zwei. Jede Partei spielt mit nur einem Ball. Die Partner schlagen am Abschlag und bei jedem folgenden Schlag abwechselnd. Strafschläge beeinflussen die Spielfolge nicht.

Im Lochspiel ist die Strafe Lochverlust, wenn Partner die Spielfolge nicht einhalten.

Im Zählspiel zieht sich die Partei eine Strafe von **zwei Schlägen** zu, wenn die Partner einen oder mehrere Schläge in falscher Reihenfolge spielen. Die entsprechenden Schläge müssen annulliert werden und die Partei muß ihren Fehler beheben, indem sie einen Ball in richtiger Reihenfolge so nahe wie möglich der Stelle spielt, wo sie zum erstenmal in falscher Reihenfolge gespielt hat.
Spielt die Partei einen Schlag vom nächsten Abschlag, ohne zuvor ihren Fehler zu beheben, bzw. verläßt sie, sofern es sich um das letzte Loch der Runde handelt, das Grün, ohne zuvor ihre Absicht zur Behebung des Fehlers anzukündigen, so ist die Partei **disqualifiziert**.

Dreiball-, Bestball- und Vierball-Lochspiel Regel 30

Im Dreiball-Lochspiel spielt jeder gegen jeden mit einem eigenen Ball.

Im Vierball-Lochspiel bilden vier Spieler zwei Parteien mit jeweils zwei Spielern. Jeder Spieler spielt seinen eigenen Ball . Bewertet wird das bessere Einzelergebnis jeder Partei.

Im Bestball-Lochspiel spielt ein Spieler gegen den besten Ball von zwei oder drei anderen Spielern. Jeder Spieler spielt seinen eigenen Ball.

Im Bestball- und Vierball-Lochspiel darf ein Partner das Spiel ganz oder teilweise allein spielen; es ist nicht erforderlich, daß sämtliche Partner zur Stelle sind. Ein fehlender Partner darf zwischen zwei Löchern in das Lochspiel eintreten, nicht aber beim Spielen eines Lochs.

Es gelten die allgemeinen Golfregeln mit folgenden Sonderregeln.

(1) Spielt ein Spieler einen Schlag mit einem falschen Ball (außer im Hindernis), so ist die Strafe **Disqualifikation** für das Loch.
Sein Partner zieht sich auch dann keine Strafe zu, wenn der falsche Ball ihm gehört.
(2) Die Strafe für Verstoß eines Partners gegen die Höchstzahl von 14 Schlägern trifft die Partei.
(3) Die Bälle einer Partei dürfen in beliebiger Reihenfolge gespielt werden.
(4) Der Verstoß gegen einige Grundregeln ist in Regel 30-3.e. erläutert, Sonderbedingungen bei Mehrfachstrafen in Regel 30-3.f.

Vierball-Zählspiel Regel 31

Im Vierball Zählspiel bilden vier Spieler zwei Parteien mit je zwei Spielern. Jeder Spieler spielt seinen eigenen Ball. Bewertet wird das bessere Einzelergebnis jeder Partei. Das Spiel jeder Partei darf ganz oder teilweise von nur einem Partner gespielt werden. Mitspielen kann nur zu Beginn eines Loches begonnen oder beendet werden, nicht während ein Loch gespielt wird.

Die Bälle einer Partei dürfen in beliebiger Reihenfolge gespielt werden.

Es gelten die Golfregeln mit folgenden Sonderregeln.
(1) Die Strafe für Verstoß eines Partners gegen die Höchstzahl von 14 Schlägern trifft die Partei (31-3.)
(2) Der Zähler muß für jedes Loch nur die Brutto-Schlagzahl desjenigen Partners aufschreiben, dessen Schlagzahl zu werten ist. Die zu wertenden Brutto-Schlagzahlen müssen den Spielern einzeln zugeschrieben werden, so daß der gewertete Spieler an jedem Loch identifizierbar ist; anderenfalls verfällt die Partei der **Disqualifikation**.

(3) Spielt ein Bewerber einen falschen Ball (außer in einem Hindernis), so muß er seiner Schlagzahl für das Loch **zwei Strafschläge** hinzurechnen und anschließend den richtigen Ball spielen. Sein Partner zieht sich auch dann keine Strafe zu, wenn der falsche Ball ihm gehört.
Gehört der falsche Ball einem anderen Bewerber, muß der Besitzer einen Ball an der Stelle hinlegen, wo der falsche Ball zuerst gespielt worden war.

(4) Regelverstoß eines Partners: eine Partei ist vom Wettspiel zu **disqualifizieren**, wenn einer der Partner gegen einige Grundregeln verstößt (1-3.,3-4.,4-1bis3., 5-1.,2., , 6-2.b., 6-4., 6-6.b., 6-6.d., 6-7., 7-1., 14-3., 31-4.)

(5) Eine Partei ist zu disqualifizieren, für Verstoß beider Partner gegen Regel 6-3. "Abspielzeit und Spielergruppen" , oder wenn jeder der Partner am selben Loch einen Regelverstoß begeht, der mit Disqualifikation von Loch oder Wettspiel bestraft wird.

(6) Mehrfachstrafen: Unterstützt der Regelverstoß eines Bewerbers das Spiel seines Partners, so zieht sich der Partner die **zutreffende Strafe** zusätzlich zu jeglicher Strafe des Bewerbers zu. In allen anderen Fällen betrifft die Strafe nicht seinen Partner.

Zählspiel gegen Par und nach Stableford

Regel 32

Gegen Par und nach Stableford sind Zählspielarten, bei denen gegen das Par (bzw. Netto-Par) jedes Lochs gespielt wird.

Im Wettspiel gegen Par wird wie im Lochspiel gewertet.
Jedem Spieler wird seiner Vorgabe entsprechend ein fiktives Ergebnis für jedes Loch (sein "persönliches Par") vorgegeben. Unterspielt der Spieler die fiktive Schlagzahl an einem Loch, so erhält er einen Pluspunkt; spielt er "sein Par", erhält er keinen Punkt. Überspielt der Spieler seine fiktive Schlagzahl, erhält er einen Minuspunkt.
Hat der Bewerber an einem Loch gleich oder unter Par gespielt, muß der Zähler die Schlagzahl in die Zählkarte eintragen.
Der Spieler mit dem besten Saldo hat gewonnen.

Im Stableford-Wettspiel wird nach Punkten bewertet, die im Verhältnis zum Par (bzw. Netto-Par, das "persönliche Par"oder auch fiktives Par genannt) an jedem Loch erzielt worden sind, und zwar folgendermaßen:

Mehr als eins über Par oder kein Ergebnis	0 Punkte
Eins über Par	1 Punkt
Par	2 Punkte
Eins unter Par	3 Punkte
Zwei unter Par	4 Punkte
Drei unter Par	5 Punkte

Gewinner ist der Bewerber mit den meisten Punkten.

Wettspielordnung

Die Spielleitung Regel 33

Die Bedingungen, unter denen ein Wettspiel durchgeführt wird, muß die Spielleitung ausschreiben.

Die Spielleitung ist nicht befugt, eine Golfregel außer Kraft zu setzen. Die Verbindung der Spielformen Zählspiel und Lochspiel ist weder durchführbar noch zulässig.

Platz- und Hindernisgrenzen muß die Spielleitung genau festlegen,
(1) den Platz und das Aus,
(2) die Grenzen von Wasserhindernissen,
(3) Boden in Ausbesserung,
(4) Hemmnisse und zum Bestandteil des Platzes erklärte Anlagen.

Neue Löcher sollten an dem Tage, an dem ein Zählwettspiel beginnt, und im übrigen nach Ermessen der Spielleitung gesetzt werden, wobei sicherzustellen ist, daß alle Bewerber in einer bestimmtem Runde alle Löcher an gleicher Stelle spielen. Ausnahme: beschädigtes Loch.

Abspielzeiten sind von der Spielleitung festzulegen. Im Zählspiel sind Gruppen aufzustellen, in denen die Bewerber zu spielen haben.

Die Zählkarte muß von der Spielleitung im Zählspiel für jeden Bewerber mit Datum und Namen ausgegeben werden.
Im Vierball-Zählspiel ist die Spielleitung für die Wertung des besseren Balls pro Loch und dabei für die Anrechnung der auf der Karte eingetragenen Vorgaben sowie für das Zusammenzählen der Schlagzahlen des besseren Balls verantwortlich.
In Par- und Stableford-Wettspielen ist die Spielleitung für die Anrechnung der auf der Karte eingetragenen Vorgabe und für die Feststellung des Ergebnisses an jedem Loch sowie des Gesamtergebnisses bzw. der Gesamtpunkte verantwortlich.

Bei gleichen Ergebnissen darf bei halbiertem Lochspiel nicht durch Zählspiel gestochen werden, bei Gleichstand im Zählspiel nicht durch Lochspiel.

Strafe der Disqualifikation darf in besonders gelagerten Einzelfällen erlassen werden, wenn es die Spielleitung für gerechtfertigt hält. Jedoch darf keinerlei geringere Strafe als Disqualifikation erlassen oder abgeändert werden.

Platzregeln darf die Spielleitung für außergewöhnliche Umstände erlassen und bekanntgeben, sofern sie mit den Grundsatzbestimmungen, wie sie aus Anhang I der Golfregeln hervorgehen, vereinbar sind.
(Siehe Anhang I im Anschluß an Regel 34).

Straferlaß. Eine Strafe nach einer Golfregel darf nicht durch Platzregel erlassen werden.

Entscheidung in strittigen Fällen Regel 34

Beanstandungen und Strafen 34-1.

Ist im Lochspiel eine Beanstandung nach Regel 2-5. bei der Spielleitung anhängig geworden, so sollte eine Entscheidung vor dem Spielen des nächsten Lochs geschehen.

Im Zählspiel darf keine Strafe aufgehoben, abgeändert oder verhängt werden, nachdem das Wettspiel beendet ist, ausgenommen, daß die Strafe der **Disqualifikation** zu jedem Zeitpunkt nach Beendigung des Wettspiels verhängt werden muß, wenn ein Bewerber

(1) für irgendein Loch eine niedrigere als die tatsächlich benötigte Schlagzahl (Regel 6-6.d.) aus irgend einem anderen Grund als deswegen einreichte, weil eine Strafe nicht mitgerechnet war, der er sich nicht bewußt gewesen ist; oder

(2) eine Zählkarte einreichte, auf welcher er eine Vorgabe eingetragen hatte, die mit seinem Wissen höher war als die ihm zustehende, und dies die Anzahl der erhaltenen Vorgabeschläge berührte (Regel2-6.b.), oder

(3) gegen Regel 1-3. (Übereinkunft über Nichtanwendung von Regeln) verstoßen hatte.
Ein Wettspiel gilt als beendet, wenn das Ergebnis offiziell bekanntgegeben worden ist, bzw. bei Zählspielqualifikation mit nachfolgenden Lochspielen, wenn ein Spieler in seinem ersten Lochspiel abgeschlagen hat.

Ist ein Platzrichter von der Spielleitung bestimmt, ist seine Entscheidung endgültig (34-2.).

Die Entscheidung der Spielleitung (34-3.) ist endgültig, wenn kein Platzrichter zur Stelle ist. Die Spieler müssen jeden strittigen Fall bzw. Zweifel der Spielleitung vortragen.
Gelangt die Spielleitung nicht zu einer Entscheidung, so muß sie den strittigen Fall bzw. Zweifel dem Deutschen Golfverband vortragen, dessen Entscheidung endgültig ist.

War der strittige Fall bzw. Zweifel nicht dem Deutschen Golfverband vorgetragen worden, so sind die Spieler berechtigt, eine bestätigte Sachdarstellung durch die Vereinsgeschäftsstelle beim Deutschen Golfverband vorzutragen, um eine Stellungnahme bezüglich der Richtigkeit der getroffenen Entscheidung zu erhalten.

War nicht nach den Golfregeln gespielt worden, trifft der Deutsche Golfverband keine Entscheidung.

Platzregeln (Anhang I)

Die Spielleitung darf Platzregeln erlassen für ungewöhnliche Umstände wie:

1. Hemmnisse

Klarstellung des Status von Gegenständen, die Hemmnisse sein könnten (Regel 24).
Anlagen jeglicher Art können zu Bestandteilen des Platzes erklärt werden, die nicht als Hemmnis gelten, (wie zum Beispiel baulich errichtete Hänge von Abschlägen, Grüns und Bunkern).

(a) Es ist möglich, Steine in Bunkern entfernen zu dürfen, indem sie zu beweglichen Hemmnissen erklärt werden.

(b) Straßen und Wege mit künstlich angelegter Oberfläche und Begrenzung können zum Bestandteil des Platzes erklärt werden. Dann kann "Erleichterung für unbewegliches Hemmnis" nicht mehr angewendet werden.
Für Straßen und Wege ohne künstlich angelegte Oberflächen und Begrenzungen kann nach Regel 24-2.b "unbewegliches Hemmnis", Erleichterung in Anspruch genommen werden, wenn sie das Spiel in unbilliger Weise beeinträchtigen könnten.

(c) Sprengwasserauslässe. Erleichterung ist möglich bei Sprengwasserauslässen, die innerhalb zweier Schlägerlängen vom Grün fest eingebaut sind, wenn der Ball innerhalb zweier Schlägerlängen von einem solchen liegt.

(d) Zum Schutz junger Pflanzen kann Erleichterung gegeben werden.

2. Schonflächen zur Unterstützung der Pflanzenpflege werden zu Boden in Ausbesserung erklärt, von dem nicht mehr gespielt werden darf.

3. Schadstellen, Laub-Ansammlungen oder ähnliches, können zu Boden in Ausbesserung erklärt werden.

4. Übermäßige Nässe, Schlamm, erschwerte Verhältnisse und Schonung des Platzes

Ist reguläres Spielen anders nicht möglich, so darf durch zeitweilige Platzregel abweichend von den Regeln Erleichterung gestattet werden (z.B. bei eingebettetem Ballaufnehmen, Ball reinigen, Besserlegen und Winterregeln).

5. Anderweitig das reguläre Spielen behindernde örtliche Verhältnisse

Diesbezügliche Einschränkungen der Anwendung einer Golfregel sind nur mit vorheriger Zustimmung des Deutschen Golfverbands gestattet.
Zu den Angelegenheiten, die ggf. durch Platzregel zu regeln sind, gehören ferner:

6. Wasserhindernisse

- Klarstellung, welche Teile von Wasserhindernissen seitliche Wasserhindernisse sein sollen (Regel 26).
- Zulassung des Spielens eines provisorischen Balls für einen Ball, der in einem Wasserhindernis sein kann, wenn das Wasserhindernis so beschaffen ist, daß Feststellung, ob der Ball im Wasserhindernis ist, nicht möglich wäre.

7. Platz- und andere Grenzen

Aufführung der Hilfsmittel, mit denen Aus, Hindernisse, Wasserhindernisse sowie Boden in Ausbesserung bezeichnet worden sind.

8. Flächen zum fallenlassen des Balls

Flächen festlegen, auf denen Bälle fallengelassen werden dürfen oder müssen, wenn es nicht angebracht oder durchführbar ist, in genauer Übereinstimmung mit den Regeln zu verfahren.

9. Vorrecht auf dem Platz

Die Spielleitung darf Bestimmungen über das Vorrecht auf dem Platz erlassen.

Das
STANDARD UND VORGABENSYSTEM

DAS STANDARD UND VORGABENSYSTEM

Das STANDARD- UND VORGABENSYSTEM des Deutschen Golf Verbandes nach den Bestimmungen des Council of National Golf Unions (CONGU) beschreibt dieses System ausführlich. Die nachfolgenden Ausführungen beschränken sich daher auf das, was der Golfer bei seinem Spiel wissen sollte.

1. Golfplatz und Standard

Standard ist das Ergebnis (Standard Scratch Score = SSS), das ein Spieler mit Vorgabe Null auf einem vermessenen Platz erzielen soll. Bei einem 9-Löcher-Platz bezieht sich der Standard auf zwei Runden à neun Loch.

Die Summe der Pars aller Löcher eines Platzes muß nicht mit dem Standard des Platzes übereinstimmen. Par eines Platzes gilt für Spiele gegen Par und nach Stableford.

Ein Standard kann nur vom Deutschen Golf Verband festgesetzt werden und hat die Maßgaben der nachstehenden Tabelle zur Grundlage (ohne Berücksichtigung der spezifischen Beschaffenheit des Platzes).

Normallänge HERREN (m)	Normallänge DAMEN (m)	Längen-Standard	GÜLTIGKEITSBEREICH Herren (m)	GÜLTIGKEITSBEREICH Damen (m)
6492	5713	74	6402 - 6584	5634 - 5794
6309	5552	73	6219 - 6401	5473 - 5633
6126	5391	72	6036 - 6218	5312 - 5472
5944	5230	71	5853 - 6035	5151 - 5311
5761	5070	70	5670 - 5852	4990 - 5150
5578	4908	69	5442 - 5669	4788 - 4989
5304	4668	68	5213 - 5441	4588 - 4787
5029	4426	67	4984 - 5212	4387 - 4587
4846	4264	66	4756 - 4983	4185 - 4386
4663	4103	65	4573 - 4755	4024 - 4184
4481	3943	64	4390 - 4572	3863 - 4023
4298	3782	63	4207 - 4389	3702 - 3862
4115	3621	62	4024 - 4206	3541 - 3701
3932	3460	61	3841 - 4023	3380 - 3540
3749	3299	60	3659 - 3840	3220 - 3379

Für die einzelnen Löcher wird kein Standard festgesetzt. Das Par des Lochs ergibt sich ausschließlich aus der vermessenen Länge nach folgender Tabelle:

Par	**Länge des Lochs** (m) Herren	Damen
3	bis 228	bis 201
4	229 bis 434	202 bis 382
5	ab 435	ab 383

2. Vorgaben

Einheitliche und gerechte Vorgaben sind nur zu erzielen, wenn alle Beteiligten ihren Verpflichtungen nach dem Vorgabensystem nachkommen

Die Höchstvorgabe nach dem Congu-System beträgt 28, die höchste Stammvorgabe 28,4.
Für die Vorgaben 29 bis 36 gelten Sonderbestimmumgen.

Die Stammvorgabe des Spielers ist die anhand des Vorgabensystems auf eine Kommastelle errechnete Dezimalvorgabe.

Die Spielvorgabe des Spielers ist die auf ganze Schläge abgerundete (bis 0,4) bzw. aufgerundete (ab 0,5) Stammvorgabe des Spielers.

Winterperiode ist der Zeitraum vom 15. November bis 15. April, in dem die Stammvorgabe durch Überspielungen nicht heraufgesetzt wird.

3. Einteilung der Vorgaben

Klasse 1..........bis 5
Klasse 2.......6 bis 12
Klasse 3.....13 bis 20
Klasse 4.....21 bis 28
Klasse 5.....29 bis 36 (Sonderregeln)

Spielt ein Spieler in einem vorgabewirksamen Wettspiel seine Spielvorgabe oder überspielt sie um nicht mehr als die Pufferzone, so bleibt seine Stammvorgabe unverändert.

Überspielt ein Spieler seine Spielvorgabe über die Pufferzone hinaus oder reicht "Nor return" ein, so wird seine Stammvorgabe, ohne Rücksicht auf die Höhe der Überspielung, um 0,1 heraufgesetzt.

Unterspielt ein Spieler seine Spielvorgabe, so wird seine Stammvorgabe für jeden Schlag der Unterspielung entsprechend den Bestimmungen für seine Vorgabenklasse herabgesetzt.

4. Änderung der Stammvorgaben

SPIELVORGABE		HERAUFSETZEN der Stammvorgabe für jede Runde mit Netto-Unterschied über Pufferzone	HERABSETZEN der Stammvorgabe für jeden Schlag unter Vorgabe
Klasse 1	bis 5	0,1	0,1
Klasse 2	6 bis 12	0,1	0,2
Klasse 3	13 bis 20	0,1	0,3
Klasse 4	21 bis 28	0,1	0,4

Pufferzone

Pufferzone sind Netto-Unterschiede
in Vorgabenklasse 1 von 0 bis +1
in Vorgabenklasse 2 von 0 bis +2
in Vorgabenklasse 3 von 0 bis +3
in Vorgabenklasse 4 von 0 bis +4

Erläuterungsbeispiele

(1) Reicht ein Spieler mit Stammvorgabe 21,2 ein Ergebnis mit Nettounterschied +4 ein, so bleibt seine Stammvorgabe 21,2; aufgrund der Pufferzone von +0,4 für diese Klasse, gibt es erst eine Veränderung darüber; (Die Spielvorgabe ist 21).

(2) Der vorstehende Spieler mit Stammvorgabe 21,2 reicht ein Ergebnis mit Netto-Unterschied +10 ein; seine Stammvorgabe steigt auf 21,3, "0,1 für jede Runde" mit Nettounterschied über Pufferzone. Die Spielvorgabe bleibt unverändert 21.

Der "Herabsetzungsmultiplikator" der höheren Klasse wird nur so oft angewandt, bis eine Spielvorgabe der niedrigeren Klasse erreicht ist. Für den Rest kommt dann der Multiplikator der niedrigeren Klasse zur Anwendung.

(3) Der Spieler mit Stammvorgabe 21,2 reicht ein Ergebnis von - 6 ein; seine Stammvorgabe sinkt um 2 x 0,4 = 0,8 = 20,4 und 4 x 0,3 = 1,2 = 19,2. Die Spielvorgabe beträgt mit sofortiger Wirkung 19.

(4) Ein Spieler der Klasse 5 mit Vorgabe 32 reicht ein vorgabewirksames Ergebnis von -7 ein. Seine Stammvorgabe sinkt auf 26,8 und die Spielvorgabe auf 27 in der Klasse 4. Und zwar, von Klasse 5 zu Klasse 4 32 - 4 = 28, verbleiben 3 x 0,4 = 1,2.

Für die Vorgaben 29 bis 36 Klasse 5 gelten die Sonderbestimmungen des DGV Anhang 5:

5. Vorgaben der Klasse 5

Die Klasse 5 umfaßt die Spielvorgaben 29 bis 36. Stammvorgaben werden für diese Klasse zur Zeit nicht geführt.

6. Erlangung einer Vorgabe der Klasse 5

Ein Spieler, der noch keine Vorgabe gehabt hat, erhält Vorgabe 36, wenn er zum erstenmal ein Ergebnis von 36 oder weniger Schlägen über Standard von Zählspielabschlägen erzielt. Es ist nicht erforderlich, daß das Ergebnis in einem Wettspiel erzielt wird. Es steht im Ermessen der Vorgabeninstanz des Vereins, auch beim ersten Mal im Sinne Ziffer 19.(1) zu handeln, wenn eine überdurchschnittliche Unterspielung ein- gereicht wird (siehe 9. Rechte des Vorgabenausschusses).

7. Heraufsetzung von Vorgaben der Klasse 5

Eine Vorgabe der Klasse 5 sollte im Regelfall am Ende eines Kalenderjahres heraufgesetzt werden, wenn sie der Spieler nicht mindestens einmal in dem Kalenderjahr von Zählspielabschlägen gespielt hat. Es ist nicht erforderlich , daß die Vorgabe in einem Wettspiel gespielt wurde.

Sind die Voraussetzungen für die Heraufsetzung gegeben, so sollte die Vorgabe im Regelfall am Ende des Kalenderjahres entsprechend dem besten während des Kalenderjahres von Zählspielabschlägen erzielten Ergebnisses heraufgesetzt werden, höchstens jedoch um drei Schläge und höchtens auf 36.

8. Herabsetzung von Vorgaben der Klasse 5

Bei jeder Unterspielung einer Vorgabe der Klasse 5 von Zählspielabschlägen wird die Vorgabe um den Netto-Unterschied herabgesetzt.
Es ist nicht erforderlich, daß die Vorgabe in einem Wettspiel gespielt wurde.

9. Rechte des Vorgabenausschusses

Gelangt der Vorgabenausschuß des Heimatvereins zu der begründeten Überzeugung, daß die Stammvorgabe des Spielers zu hoch oder zu niedrig ist und ein falsches Bild von dessen tatsächlicher Spielstärke vermittelt, so hat der Vorgabenausschuß die Vorgabe des Spielers angemessen herab- bzw. heraufzusetzen; (Für die Klasse 1 entscheidet der Regionalverband).
Ein Verein darf kein festes Schema festlegen, nach dem Vorgaben der Klassen 1-4 geändert werden, wie z.B. daß ein Spieler, der während eines Kalenderjahres kein vorgabewirksames Ergebnis einreicht, automatisch um 2 Schläge heraufgesetzt wird. Vorgabefestlegungen dieser Art sind nicht zulässig; jeder Fall muß individuell behandelt werden.

SACHWORTBEGRIFFE

Albatros Drei Schläge unter Par.

As Der Ball ist mit dem ersten Schlag im Loch.

Backspin Rückwärtsdrehung des Balls im Flug.

Birdie Ein Schlag unter Par.

Bogey Ein Schlag über Par.

Brutto Das Spielergebnis ohne Abzug der Vorgabe (des Handicaps)

Chip Kurzer flacher Annäherungsschlag in der Nähe des Grüns. Der Ball hat eine flache Flugbahn und rollt relativ lange.

Divot Das beim Schlag herausgeschlagene Rasenstück, das tunlichst wieder eingesetzt wird.

Dogleg Eine mit Rechts- oder Links-Knick angelegte Bahn.

Doppel-Bogey Zwei Schläge über Par.

Draw Der Ball fliegt mit leichter Linksabweichung.

Drive Der erste Schlag auf der Bahn meist mit Holz 1.

Driving Range Übungsplatz mit freien und / oder überdachten Abschlagmatten; Bunkern oder anderen Übungsmöglichkeiten.

Droppen Ein neu einzusetzender Ball wird mit dem ausgestreckten Arm fallengelassen.

Eagle Zwei Schläge unter Par.

Fade — Der Ball driftet leicht nach rechts.

Fairway — Die Spielbahn zwischen den Roughs vom Abschlag bis zum Grün.

Flight — Eine Gruppe mehrerer Spieler, maximal 4 Teilnehmer.

Grün — Glatte, kurzgeschnittene, aber nie völlig ebene Rasenfläche um das Loch herum. Das Loch liegt meist nicht im Bereich des Mittelpunktes. Wintergrüns werden auf dem Fairway zur Schonung des regulären Grüns eingerichtet.

Hook — Der Ball fliegt nach links. Grund: Der Ball wurde so getroffen, daß er einen Linksdrall bekam.

Netto — Das Spielergebns mit abgezogener Vorgabe (Handicap)

Pitch — Hoher kurzer Annäherungsschlag aus der Nähe des Grüns, steile Flugbahn, dann kurzes, vom Rückwärtsdrall gebremstes Ausrollen.

Pitch-Mark — Die vom Ball hinterlassene Einschlagkuhle eines Balles auf dem Grün, die mit einer Pitch-Gabel o.a. zu beseitigen ist.

Pull — Der Ball fliegt gerade nach links.

Push — Der Ball fliegt gerade nach rechts.

Recovery — Erfolgreicher Schlag aus Hindernissen oder schwierigen Lagen.

Rough — Die nicht oder nur wenig gemähte, naturbelassene Zone seitlich des Fairways.

Score — Das Ergebnis, die Anzahl der Schläge.

Slice Der Ball fliegt weit nach rechts. Grund: Der Ball wurde so getroffen, daß er einen Rechtsdrall bekam.

Straight Der Ball fliegt gerade.

Tee (1) Der Abschlagbereich, von dem auf jeder Bahn der erste Schlag gespielt wird.
(2) Kleiner Holz- oder Plastikstift, der in den Boden gedrückt und auf dessen Platte der Ball aufgesetzt wird.

Toppen Der Schlägerkopf trifft den Ball zu hoch.

Typische Ball - Flugbahnen

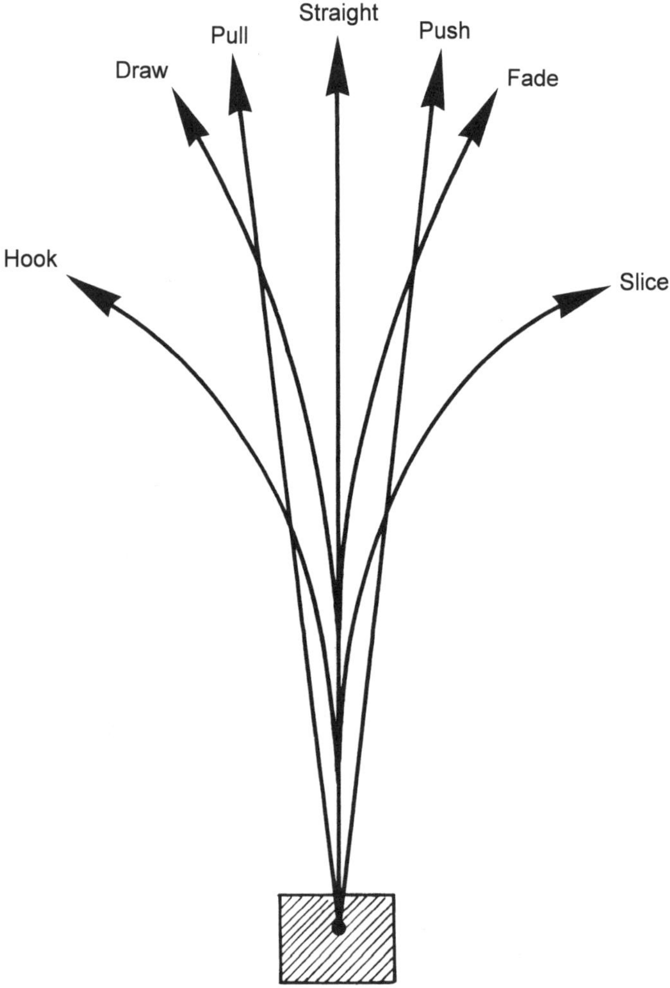

Platz

Platz ist die gesamte Fläche, auf der gespielt werden darf und ist wie nachstehend gezeichnet aufgeteilt.

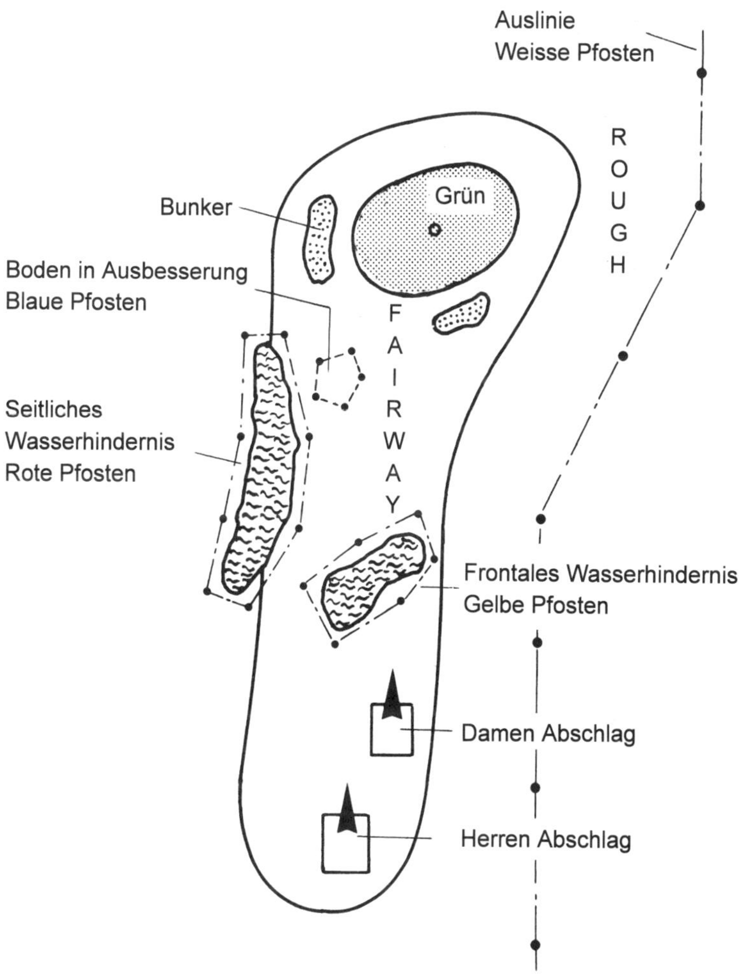

ANWENDER-KURZFASSUNG

Am Abschlag

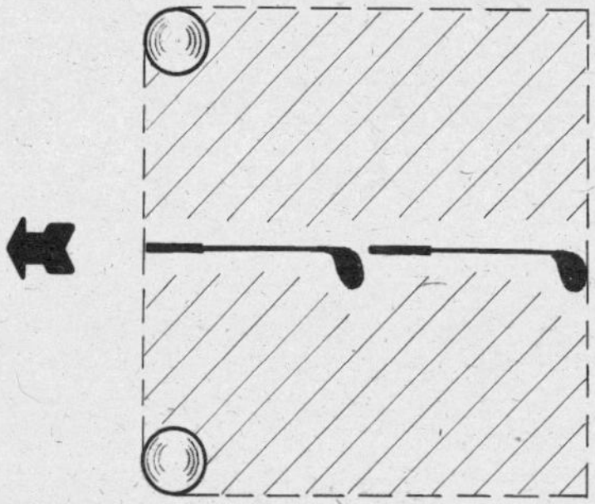

Abschlagsmarkierungen versetzen Regel 11-2.
um Standposition, Schwungraum oder Spiellinie zu verbessern . . . . **zwei Strafschläge** bzw. **Lochverlust**

Abschlagfolge, wer als Erster abspielt "hat die Ehre". Sie ergibt sich aus der Starterliste oder , wenn nicht vohanden, wird darum gelost (Tee werfen o.a.m.)

Ball fällt vom Tee 11-3.
(1) nach dem Aufsetzen, beim Ansprechen, beim Probeschwung, beim abgebrochenen Schwung . . . . Ball **straflos** erneut aufsetzen.

(2) während des nicht abgebrochenen Schlags nach dem Ball (Luftschlag) . . . . zählt der **Schlag** ohne Strafe.

Der Ball muß gespielt werden wie er liegt;

wird er erneut aufgesetzt . . . . zusätzlich **einen Strafschlag**

Ball verloren oder Aus 27-1.
Schlag wiederholen bei Verlust
von Schlag und Distanz, zusätzlich . . . . . . **ein Strafschlag**

Ball öfter als einmal getroffen 14-4.
es zählt nur ein Schlag und zusätzlich . . . . . **ein Strafschlag**

Spielen vom falschen Abschlag 11-4
wie spielen von außerhalb des Abschlags

Spielen von außerhalb des Abschlags 11-4.
(1) Lochspiel: Gegner kann unverzügliche
Wiederholung verlangen . . . . **straflos**

(2) Zählspiel: Ball erneut von innerhalb des Abschlags spielen. . . . . . . **zwei Strafschläge**
Schlag vom nächsten Abschlag gespielt
ohne den Fehler behoben zu haben . . . . **Disqualifikation**

Spielen außerhalb der Reihenfolge 10-2.
(1) Lochspiel : Gegner kann unverzügliche Wiederholung verlangen . . . . . **straflos**

(2) Zählspiel: Ball spielen wie er liegt. . . . . **straflos**
Bei Absicht um Vorteil zu erlangen . . . **Disqualifikation**

(3) Klassischer Dreier oder Vierer : . . . . . **zwei Strafschläge**

Fehler vor dem nächsten Abschlag
nicht behoben . . . . **Disqualifikation**

Unterstützung beim Schlag 14-2.
körperlich, Schutz gegen die Elemente . . . **zwei Strafschläge**
bzw. **Lochverlust**

Im Spielverlauf

Ansprechen des Balls
Mit dem Beziehen der Standposition und dem Aufsetzen des Schlägers ist der Ball angesprochen, im Hindernis bereits mit dem Beziehen der Standposition.

Ball verloren oder Aus 27-1.
Schlag wiederholen bei Verlust von Schlag und Distanz, zusätzlich . . . . . . **ein Strafschlag**

Provisorischer Ball 27-2.
Deutlich ankündigen, sonst ist der provisorische Ball Ball im Spiel.
Wird er vom Ort gespielt, wo sich der ursprüngliche Ball mutmaßlich befindet oder von einem Punkt näher zum Loch, wird er ebenfalls zum Ball im Spiel.
Wird der ursprüngliche gefunden, muß dieser weiter gespielt werden. Im Wasserhindernis gibt es keinen provisorischen Ball . . . . **zwei Strafschläge** bzw. **Lochverlust**

Behinderung durch zeitweiliges Wasser, Boden in Ausbesserung und Schäden am Platz (Aufgeworfenes oder Laufspur eines Erdgänge grabenden Tieres, Reptils oder Vogels).

Behinderung

- Ball liegt in einem solchen Umstand ,
- Standposition oder
- beabsichtigter Schwung wird behindert,
- auf dem Grün gilt das auch für die Puttlinie.

Erleichterung

(1) Im Gelände

den dem Ball nächstgelegenen Punkt feststellen, (Bezugspunkt)

- nicht näher zum Loch ,
- Behinderung ausgeschlossen
- nicht im Hindernis oder auf dem Grün.

Ball innerhalb einer Schlägerlänge vom Bezugspunkt fallenlassen; **straflos**.

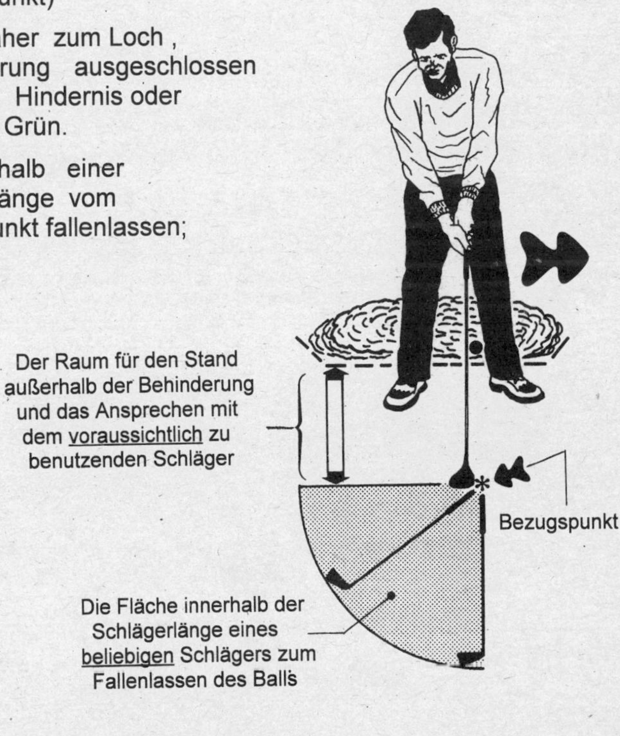

(2) Im Hindernis (ausgenommen Wasserhindernis)
Ball aufnehmen und nächst der Stelle wo er lag, nicht näher zum Loch und Erleichterung gegeben ist, fallenlassen; **straflos**.
Oder: Ball außerhalb des Hindernisses fallenlassen, auf der verlängerten Linie zwischen der Lage des Balls und dem Loch;
ein Strafschlag.

(3) Auf dem Grün : Ball nächst der Stelle wo er lag, nicht näher zum Loch, hinlegen; **straflos.**

Ball unter den Umständen vorstehender Regel verloren

(1) Im Gelände: Wo Ball die Grenze der betreffenden Fläche kreuzte, den Bezugspunkt feststellen (nich näher zum Loch, Behinderung ausgeschlossen, nicht im Hindernis oder auf dem Grün). Ball innerhalb einer Schlägerlänge vom Bezugspunkt fallen- lassen; **straflos.**

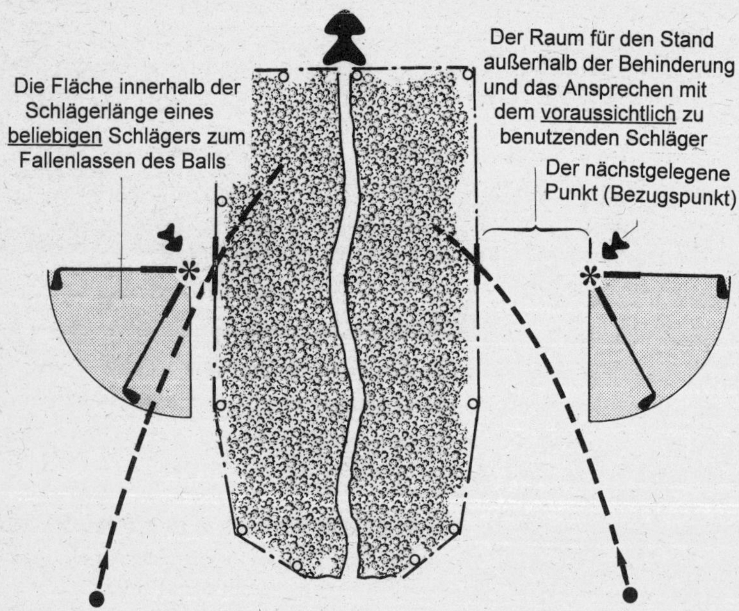

(2) Im Hindernis (ausgenommen Wasserhindernis)
a. Ball im Hindernis so nahe wie möglich dem Punkt, wo ursprünglicher zuletzt Grenze gekreuzt hat, nicht näher zum Loch; fallenlassen; **straflos**, oder
b. Ball außerhalb des Hindernisses auf der verlängerten Linie zwischen Kreuzungspunkt Hindernisgrenze und Loch fallenlassen; **ein Strafschlag.**

Eingebetteter Ball 25-2.

Im Einschlagloch im Gelände auf kurzgemähter Fläche:
Den Ball so nah als möglich an der Einschlagstelle -nicht näher zum Loch - fallenlassen;
straflos.

Falsches Grün 25-3.

Bezugspunkt außerhalb des falschen Grüns, nicht im Hindernis, feststellen und den Ball innerhalb einer Schlägerlänge fallenlassen;
straflos.

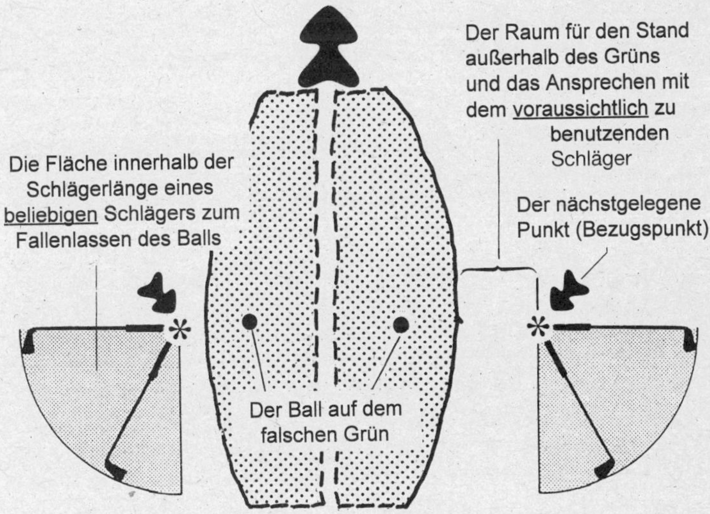

STRAFE FÜR REGELVERSTOSS 25-1.bis 3.
Lochspiel - Lochverlust : Zählspiel - Zwei Schläge

Lose hinderliche Naturstoffe

Regel 23

sind natürliche Dinge: Zum Beispiel Steine, Äste, Zweige, Blätter, Baumfrüchte, Kot, Würmer, von ihnen abstammende Haufen, verdichteter Aushub zur Bodenbelüftung.
Schnee und Eis (nicht Tau und Reif) kann als zeitweiliges Wasser gewählt werden.

Erleichterung
Hemmnis **straflos** fortbewegen (ausgenommen im Hindernis). Bewegt sich dabei der Bal, wenn innerhalb einer Schlägerlänge entfernt wird . . . **ein Strafschlag**
Auf dem Grün . . . . **straflos**

Hemmnisse

Regel 24

Hemmnis ist: alles Künstliche, einschl. angelegte Oberflächen und Begrenzungen von Straßen und Wegen, Kunsteis.
Hemmnis ist nicht: Gegenstand zur Kennzeichnung des Aus wie Mauern, Zäune, Pfosten und Geländer; zum Bestandteil des Platzes erklärte Anlage.

Bewegliches Hemmnis 24-1.

Zum Beispiel Harken, Pappbecher, Flaschen, Zigarrettenreste, Platzpflege- Werkzeuge, Hilfsmittel u.a.m.

Erleichterung
Hemmnis **straflos** wegnehmen. Dabei bewegten Ball zurücklegen. Liegt der Ball in oder auf dem Hemmnis, unterhalb des Punktes, wo der Ball lag, fallenlassen; auf dem Grün hinlegen.

Unbewegliches Hemmnis 24-2.

Zum Beispiel Mauern, feststehende Bänke und Abfallbehälter. Draht und Seile zum Stützen von Bäumen, Fahnenstangen, Sprengwasserauslässe, Steuerkästen für die Bewässerung.
Künstliche Stützkonstruktionen für Abschläge bzw. Grüns, auch Bunkerwände aus Brettern oder Eisenbahnschwellen sind unbewegliches Hemmnis, wenn sie nicht zum Bestandteil des Platzes erklärt worden sind.

Behinderung
Ball liegt dicht oder auf dem Hemmnis, Standposition oder der beabsichtigte Schwung ist behindert.

Erleichterung
(1) Im Gelände
den dem Ball nächstgelegenen Punkt feststellen (Bezugspunkt)

- nicht näher zum Loch,
- Behinderung ausgeschlossen,
- nicht im Hindernis oder auf dem Grün.

Ball innerhalb einer Schlägerlänge vom Bezugspunkt fallenlassen;
straflos

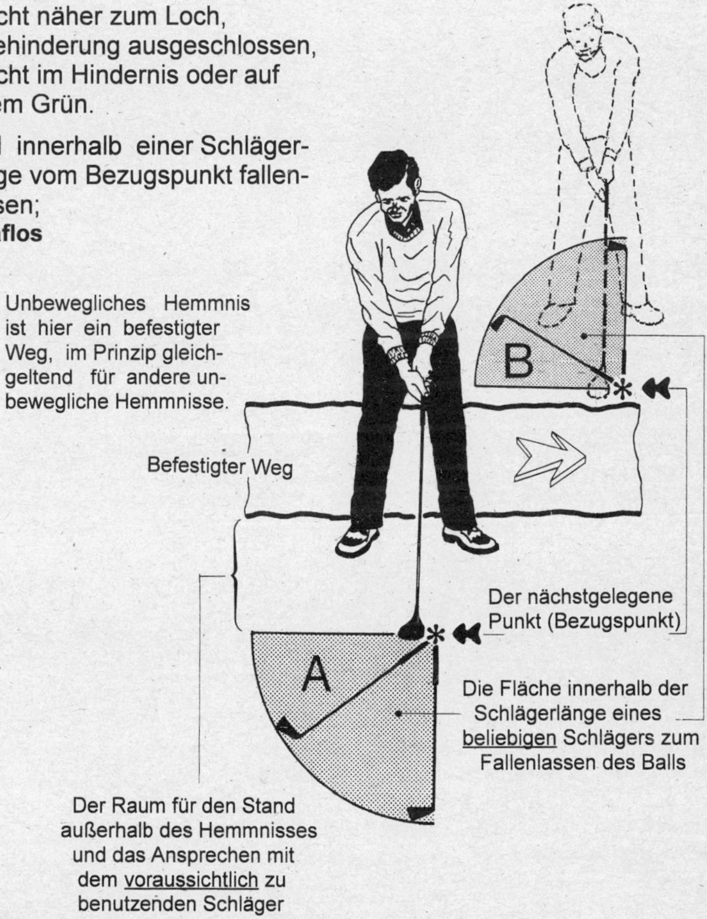

Beispiel: Ball liegt auf einem befestigtem Weg.
Infrage kommender Bezugspunkt ist R auf der linken Seite, der nächs gelegene Punkt zum Ball ist der kürzere Abstand R.

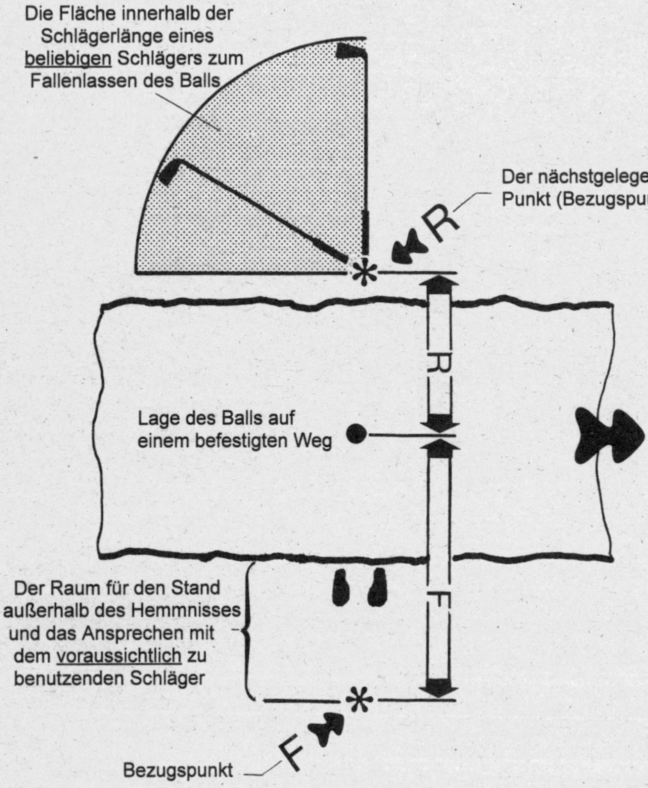

(2) Im Bunker
in Übereinstimmung mit vorstehend (1) "Im Gelände", den Ball im Bunker fallenlassen.

(3) Im Wasserhindernis kann **straflose** Erleichterung nicht in Anspruch genommen werden.

Der im unbeweglichen Hemmnis verlorene Ball
gilt als an der Stelle liegend, wo er in das Hemmnis hineingegangen ist. Einen anderen Ball einsetzen innerhalb einer Schlägerlänge vom Bezugspunkt (wie auch vorstehend 24-2.);
straflos.

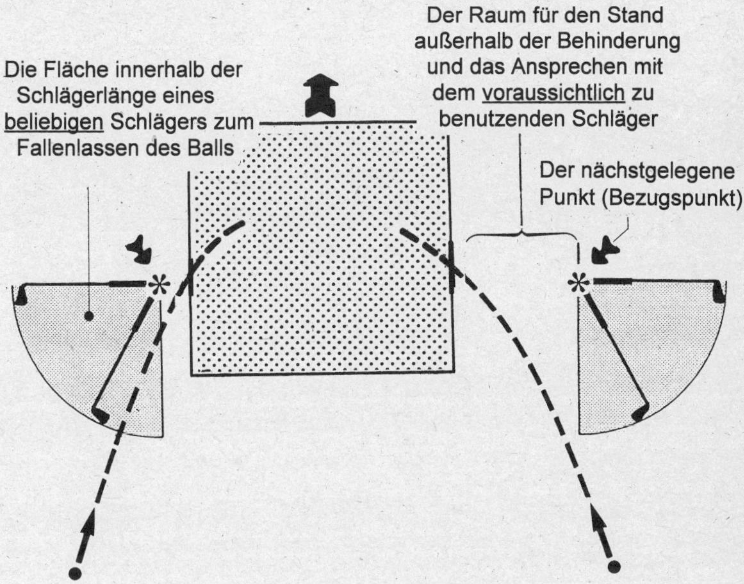

STRAFE FÜR REGELVERSTOSS Regel 24
Lochspiel - Lochverlust; Zählspiel - Zwei Schläge

Ball unspielbar

Regel 28

Ist der Ball für unspielbar erklärt, drei Möglichkeiten:

(1) **Schlag wiederholen**, an der Stelle, wo der Ball vorher lag. **ein Strafschlag**

(2) Ball innerhalb zweier Schlägerlängen, nicht näher zum Loch, fallenlassen; . . . . **ein Strafschlag** (Im Bunker innerhalb des Bunkers).

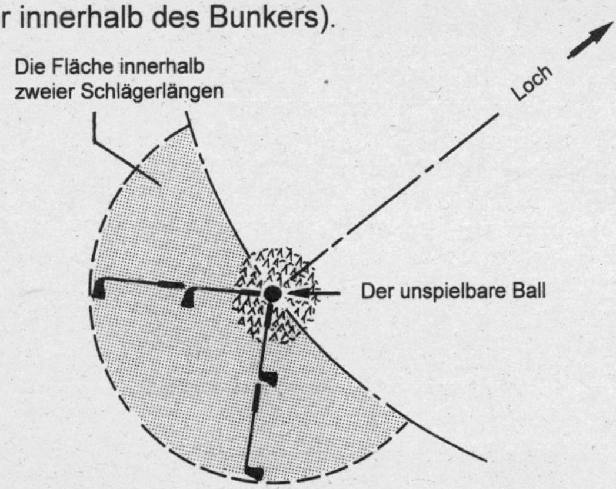

(3) Ball in beliebiger Entfernung auf der verlängerten Linie Ball zum Loch fallenlassen; . . . . **ein Strafschlag**

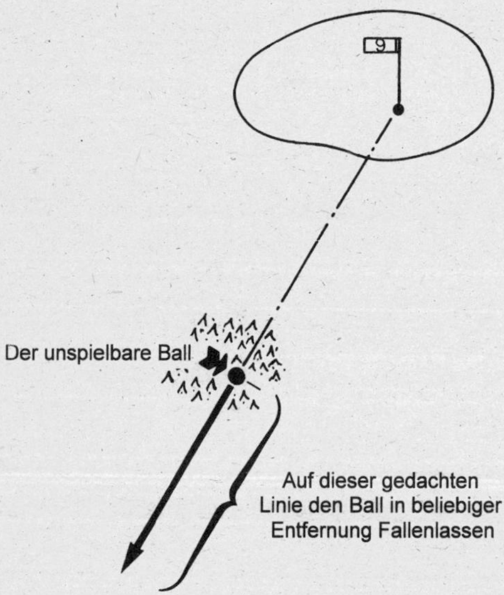

STRAFE FÜR REGELVERSTOSS
Lochspiel - Lochverlust; Zählspiel - Zwei Schläge

Ball suchen und identifizieren

Ball suchen, sehen 12-1.

Zum Finden und Identifizieren darf im erforderlichen Ausmaß Gebüsch, Ginster, Binsen, langes Gras, Heide oder dergleichen berührt oder gebogen werden. Vorausgesetzt, Lage des Balls, Raum des beabsichtigten Schwungs oder Spiellinie werden dadurch nicht verbessert.
Kein Anspruch, den Ball beim Schlag sehen zu können.

Im Hindernis darf loser hinderlicher Naturstoff oder Sand, der den Ball bedeckt, durch Tasten, Harken oder andere Mittel soweit entfernt werden, daß ein Teil des Balls zu sehen ist. Mehr Entferntes **straflos** zurücklegen.
Dabei bewegten Ball zurücklegen und ggf. wieder bedecken.

In Boden in Ausbesserung, zeitweiligem Wasser, Tierspur usw. dabei bewegten Ball **straflos** zurücklegen oder nach Regel 25 "Ungewöhnliche Bodenverhältnisse" verfahren.

Im Wasser eines Wasserhindernisses darf mit dem Schläger oder sonstwie nach dem Ball getastet werden; Ball dabei bewegt: **straflos** zurücklegen oder nach Regel 26 "Ball im Wasserhindernis" verfahren.

Ball identifizieren 12-2.

Den Ball tunlichst kennzeichnen. Ball **straflos** aufnehmen (außer im Hindernis): vorher deutlich Absicht ankündigen und Lage kennzeichnen.

STRAFE FÜR REGELVERSTOSS
ein Strafschlag
Die Strafe gilt auch, wenn Ball im Hindernis aufgenommen oder mehr als zur Identifizierung notwendig gereinigt wurde

Falscher Ball; für Ball im Spiel eingesetzter anderer Ball

Regel 15

Falscher Ball ist jeder, außer dem Ball im Spiel, der provisorische und im Zählspiel - bei Zweifel über Spielweise - zweite Ball.
Es sei denn, Regeln gestatten den Einsatz eines anderen Balls.

Im Lochspiel: Lochverlust bei Schlag mit falschem Ball. Im Hindernis gespielte Schläge mit falschem Ball sind **straflos** und zählen nicht. Gehört der Ball dem anderem Spieler, legt ihn dieser Spieler zurück.

Im Zählspiel: Bei Schlägen mit falschem Ball **zwei Strafschläge** und erneut den richtigen Ball spielen, (im Hindernis **straflos**).
Disqualifikation, wenn Fehler nicht vor dem nächsten Abschlag bzw. letztem Grün behoben. Schläge mit falschem Ball zählen nicht.

Ball in Ruhe bewegt

Regel 18

a. Durch nicht zum Spiel Gehöriges: Ball zurücklegen, **straflos**.

b. Durch Spieler, Partner, Caddie oder Ausrüstung:
Ball zurücklegen, ... **ein Strafschlag**
Auch, wenn der Ball sich bewegt hat
nach dem Ansprechen, unerlaubtem Aufnehmen,
absichtlich bewegt. Nach Berühren loser hinderlicher
Naturstoffe innerhalb einer Schlägerlänge,
(auf dem Grün **straflos**).

c. Durch Gegner/Mitbewerber, Caddie oder Ausrüstung
Im Lochspiel: Ball zurücklegen, ... **ein Strafschlag**
Im Zählspiel: Ball zurücklegen, ... **straflos**

d. Durch anderen Ball: bewegten Ball zurücklegen,
verursachenden Ball spielen wie er liegt, ... **straflos.**
Beide Bälle lagen auf dem Grün, Spieler . . . **zwei Strafschläge**

STRAFE FÜR REGELVERSTOSS Regel 15, 18, 19
Lochspiel - Lochverlust; Zählspiel - zwei Schläge
Ball nicht zurückgelegt: Grundstrafe, keine zusätzliche.
Ball nicht wiedergefunden, anderen einsetzen

e. Durch Wind: Ball spielen wie er liegt, ...**straflos**

Ball vorher angesprochen, zurücklegen. . . . . **ein Strafschlag**

Zurücklegen versäumt, ... **Grundstrafe**
(Grundstrafe: Lochverlust bzw. zwei Schläge)

f. Straflos ist, wenn sich der Ball bewegt beim

- Nachmessen Lochentfernung (Regel 10-4.),
- Ball suchen (Regel 12-1.),
- Ausbessern von Lochpfropfen, Einschlaglöchern auf dem Grün,
- Fortnehmen beweglicher Hemmnisse (Regel 24-1.),
- erlaubten Ballaufnehmen (Regel 20-1.),

Ball in Bewegung abgelenkt oder aufgehalten   Regel 19

a. Durch nicht zum Spiel Gehöriges: Ball spielen wie er liegt. Kommt er auf etwas zur Ruhe, das sich bewegt oder lebt (ausgenommen Wurm oder Insekt), am Punkt seiner "Entführung" fallenlassen; . . . .**straflos**

Auf dem Grün Schlag wiederholen; . . . . **straflos**
Für nicht wiederzufindenen Ball anderen einsetzen.

b. Durch Spieler, Partner, Caddie oder Ausrüstung

Lochspiel: . . . . **Lochverlust**,

Zählspiel: Ball spielen wie er liegt, ... **zwei Strafschläge**

Liegt er auf Kleidung oder Ausrüstung, an dem Punkt fallenlassen, an dem er die unspielbare Lage einnahm.

c. Durch Gegner/Mitbewerber, Caddie oder Ausrüstung
Lochspiel: Ball spielen wie er liegt . . . . **straflos**
oder Schlag wiederholen,

Zählspiel: Ball spielen wie er liegt, ... **straflos**

d. Durch anderen Ball : geschlagenen Ball spielen wie er liegt, den in Ruhe gelegenen zurücklegen, . . . **straflos.**

Beide Bälle lagen auf dem Grün, Spieler . . . . **zwei Strafschläge**

Ball aufnehmen, fallenlassen, hinlegen Regel 20

a. Aufnehmen

Vor dem Aufnehmen Lage kennzeichnen;

kennzeichnen versäumt, ... **ein Strafschlag**

Ball nicht zurückgelegt, ... **Grundstrafe**

Versehentlich Ball beim Kennzeichnen bewegt, . . . **straflos**

Bei Behinderung durch Ballmarker, um erforderliche Schlägerkopflängen zur Seite legen.

Ball aufnehmen kommt infrage :

(1) zur Identifizierung,
(2) feststellen, ob zum Spielen unbrauchbar,
(3) auf dem Fairway im Einschlagloch eingebettet,
(4) Spielunterbrechung,
(5) falsch fallengelassen,
(6) Erleichterung durch Hemmnis
(7) auf dem Grün,
(8) Besserlegen gemäß Platzregel,
(9) unspielbar oder Aus,
(10) in ungewöhnlichen Bodenverhältnissen,
(11) Ball bewegt, abgelenkt,
(12) beim Spielen eines falschen Balls,

b. Fallenlassen, erneut fallenlassen

Selbst und aufrecht stehend mit ausgestrecktem Arm; anders oder nicht berichtigt, ... **ein Strafschlag**.

Berührt Ball vor/nach dem Auftreffen auf den Boden Spieler, Partner, Caddies, Ausrüstung, ... **straflos** (unbegrenzt oft wiederholen).

Erneut fallenlassen wenn der Ball . . . . **straflos**

- in ein Hindernis rollt,
- aus einem Hindernis herausrollt,
- auf ein Grün oder ins Aus rollt,
- in behinderte Lage rollt (ungewöhnliche Bodenverhältnisse, Hemmnis),
- weiter als zwei Schlägerlängen von der Auftreffstelle wegrollt,
- näher als seine ursprüngliche Lage zum Loch rollt ,

Rollt erneut fallengelassener Ball in eine dieser Lagen, nahe der Stelle <u>hinlegen</u>, wo er zum erstenmal auftraf.

c. Hinlegen, zurücklegen

Wird Ball oder Ballmarker dabei bewegt, zurücklegen, straflos.

Ball bleibt nicht liegen, zurücklegen ; bleibt er abermals nich liegen, an der nächstgeeigneten Stelle hinlegen (nicht näher zum Loch, bei Hindernis im Hindernis bleiben), ... **straflos**

STRAFE FÜR REGELVERSTOSS
Lochspiel - Lochverlust; Zählspiel - Zwei Schläge

Ball reinigen Regel 21

Ein aufgenommener Ball darf stets gereinigt werden; **drei Ausnahmen**:
Keine Reinigung erlaubt, wenn der Ball aufgenommen
(1) zur Feststellung, ob unbrauchbar zum Spielen;
(2) zur Identifizierung (nur in unerläßlichem Ausmaß);
(3) wegen Behinderung oder Unterstützung des Spiels.
Ausnahme: auf dem Grün aufge nommener Ball darf stets gereinigt werden.

Ball unerlaubt gereinigt oder nicht zurückgelegt, **ein Strafschlag.**

Ball aufnehmen mit Reinigungsmöglichkeit:
(1) zur Identifizierung (nur in unerläßlichem Ausmaß),
(2) auf dem Fairway in Einschlagloch eingebettet,
(3) Spielunterbrechung,
(4) falsch fallengelassen,
(5) Erleichterung durch Hemmnis,
(6) auf dem Grün
(7) Besserlegen gemäß Platzregel,
(8) unspielbar oder Aus,
(9) ungewöhnliche Bodenverhältnisse,
(10) Ball bewegt, abgelenkt,
(11) beim Spielen eines falschen Balls,

AUF EINEN BLICK

Im Hindernis Bunker: darf man nicht / darf man

Darf man nicht

Strafe für Regelverstoß: LS - Lochspiel, ZS - Zählspiel
LV - Lochverlust
2S - 2 Schläge
1S - 1Schlag

(1) **Beschaffenheit** des Hindernisses prüfen,	LV / 2 S
(2) **lose hinderliche Naturstoffe** berühren oder bewegen, die im Hindernis liegen oder es berühren,	LV / 2 S
(3) **Boden mit einem Schläger** oder sonstwie berühren, (außer: zur Vermeidung eines Sturzes; beim Hemmnis entfernen, Nachmessen, Erlangen des Balls oder Aufnehmen gem. Regel, Hinlegen des Schlägers),	LV / 2 S
(4) **Ball zur Identifizierung** aufnehmen,	ZS / LS 1S / 1S
(5) **Schläger beim Ansprechen** aufsetzen,	LV / 2 S
(6) **Lage des Balls, Spiellinie** oder Raum des beabsichtigten Schwungs, durch Bewegen, Biegen oder Brechen von Angewachsenem oder Befestigtem, verbessern.	LV / 2S

darf man (straflos)

(1) **bewegliche Hemmnisse** entfernen (künstliche Dinge, Getränkedosen, Zigarettenreste, Pappbecher, Harken,u.a.m.), Steine können durch Platzregel zu beweglichem Hemmnis erklärt sein,

(2) **Jederzeit**, einschließlich beim Ansprechen und Aufschwung zum Schlag, mit einem Schläger oder sonstwie berühren:
jederlei Hemmnis, zum Bestandteil des Platzes erklärte Anlagen, Gras, Busch, Baum oder sonstiges Angewachsene.

(3) **den falschen Ball** spielen,

(4) **beim Suchen**:

von losen hinderlichen Naturstoffen **nur** soviel entfernen wie notwendig ist, um einen Teil des Balls zu sehen. Mit zuviel Entferntem muß der Ball wieder bedeckt und - sofern Ball dabei bewegt - zurückgelegt werden.

(5) **Erleichterung bei Behinderung durch unbewegliche Hemmnisse** (z.B. Stützkonstruktion an Bunkerwänden aus "künstlich Geschaffenem" wie Brettern, Eisenbahnschwellen u.a.m.) in Anspruch nehmen, Regel 24-2. Es sei denn, die betreffenden Anlagen sind durch Platzregel zu Bestandteilen des Platzes erklärt worden.

(6) **Erleichterung bei Behinderung** durch ungewöhnliche Bodenverhältnisse Regel 25-1. (zeitweiliges Wasser, Boden in Ausbesserung, Schäden am Platz) in Anspruch nehmen.

(7) **mit** einem **Strafschlag** den Ball außerhalb des Hindernisses fallenlassen (Regel 25.1.b. "auf der verlängerten Linie der Lage des Balls zum Loch").

(8) **mit** einem **Strafschlag** den Ball (Regel 28) für unspielbar erklären.

Ball ist im Wasserhindernis ,
drei Möglichkeiten:
(für das seitliche Wasserhindernis kommt eine vierte hinzu),

(1) Ball spielen wie er liegt, ... **straflos**

(2) Schlag wiederholen, ... **ein Strafschlag**

(3) Einen Ball in beliebiger Entfernung
hinter dem Wassehindernis auf verlängerter Linie vom Loch zum Punkt, an dem der Ball zuletzt die Hindernisgrenze gekreuzt hat, fallenlassen, ... **ein Strafschlag**

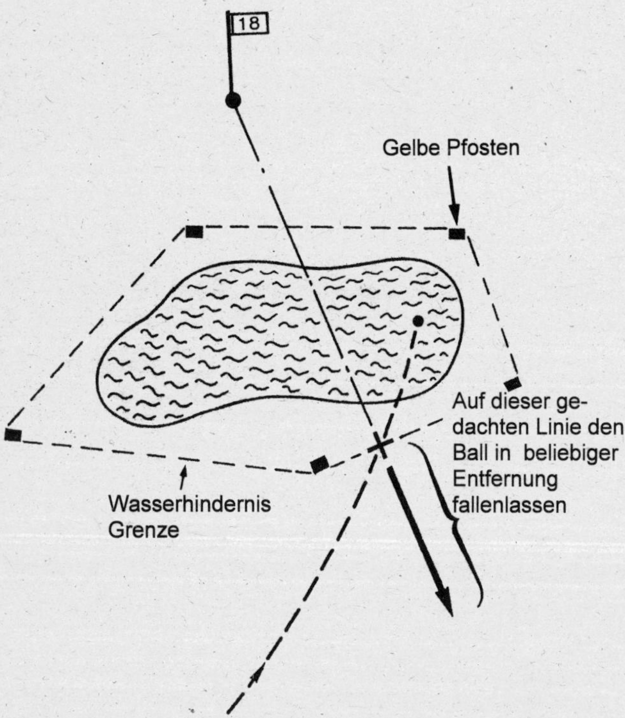

(4) seitliches Wasserhindernis:
einen Ball außerhalb des Wasserhindernisses fallenlassen innerhalb zweier Schlägerlängen von dem Punkt, wo der ursprüngliche Ball zuletzt die Grenze des Wasserhindernisses gekreuzt hat, oder gegenüberliegend (nicht näher zum Loch);
ein Strafschlag

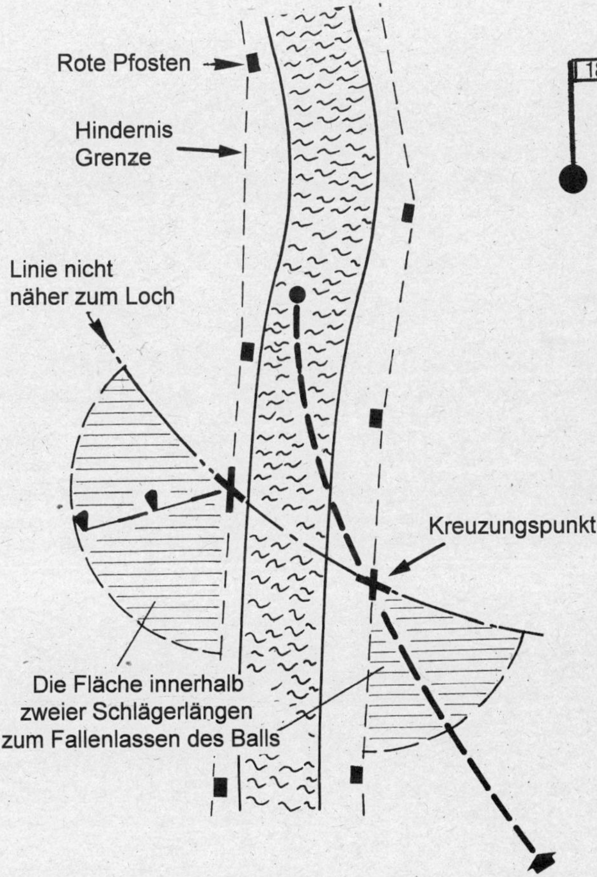

STRAFE FÜR REGELVERSTOSS
Lochspiel - Lochverlust; Zählspiel - Zwei Schläge

AUF EINEN BLICK

Im Wasserhindernis: darf man nicht / darf man

Darf man nicht

Strafe für Regelverstoß: LS - Lochspiel, ZS - Zählspiel
LV - Lochverlust
2S - 2 Schläge
1S - 1 Schlag

(1) **lose hinderliche Naturstoffe** berühren oder bewegen, die im Hindernis liegen oder es berühren, LV / 2 S

(2) **Boden oder Wasser** mit einem Schläger oder sonstwie berühren, (außer: zur Vermeidung eines Sturzes; beim Hemmnis entfernen, Nachmessen, Erlangen des Balls oder aufnehmen gem. Regel, Hinlegen des Schlägers), LV / 2 S

(3) **Beschaffenheit** des Hindernisses prüfen, LV / 2 S

(4) **Ball zur Identifizierung** aufnehmen, ZS / LS : 1S / 1S

(5) **Schläger beim Ansprechen** aufsetzen, LV / 2S

(6) **Erleichterung durch unbewegliches Hemmnis** in Anspruch nehmen, LV / 2S

(7) **Erleichterung von Loch, Aufgeworfenem** oder Laufspur eines Erdgänge grabenden Tieres, eines Reptils oder eines Vogels in Anspruch nehmen, LV / 2S

(8) **Ball für unspielbar** erklären, LV / 2S

(9) **Lage des Balls, Spiellinie** oder Raum des beabsichtigten Schwungs, durch Bewegen, Biegen oder Brechen von Angewachsenem oder Befestigtem, verbessern. LV / 2S

darf man (straflos)

(1) **bewegliche Hemmnisse** entfernen (künstliche Dinge, Getränkedosen, Zigarettenreste, Pappbecher, Harken, u.a.m.),

(2) **falschen Ball** spielen,

(3) **Jederzeit**, einschließlich beim Ansprechen und Aufschwung zum Schlag, mit einem Schläger oder sonstwie berühren:

jederlei Hemmnis, zum Bestandteil des Platzes erklärte Anlagen, Gras, Busch, Baum oder sonstiges Angewachsene.

(4) **beim Suchen**:

Gebüsch, langes Gras oder dergleichen, berühren oder biegen, vorausgesetzt, daß dadurch die Lage des Balls, der Raum des Schwungs oder die Spiellinie nicht verbessert werden;

von losen hinderlichen Naturstoffen soviel entfernen wie notwenwendig ist, einen Teil des Balls zu sehen. Mit zuviel Entferntem muß der Ball wieder bedeckt und - sofern Ball dabei bewegt - muß er zurückgelegt werden.

(5) **den Schlag ausführen**, wenn sich der Ball im Wasser bewegt und unverzüglich geschlagen wird.

Auf dem Grün

Ball in Ruhe bewegt Regel 18

a. Durch nicht zum Spiel Gehöriges: Ball zurücklegen, **straflos**

b. Durch Spieler, Partner, Caddie oder Ausrüstung:
Ball zurücklegen, ... **ein Strafschlag**
Auch, wenn er sich bewegt hat
(1) nach dem Ansprechen,
(2) unerlaubt aufgenommen,
(3) absichtlich bewegt,
(bewegt nach berühren loser hinderlicher Naturstoffe ist auf dem Grün straffrei).

c. Durch Gegner/Mitbewerber, Caddie oder Ausrüstung
Im Lochspiel: Ball zurücklegen, ... **ein Strafschlag**
Im Zählspiel: Ball zurücklegen, ... **straflos**

d. Durch anderen Ball: bewegten Ball zurücklegen, verursachenden Ball spielen wie er liegt, ... **straflos**

STRAFE FÜR REGELVERSTOSS
Lochspiel - Lochverlust; Zählspiel - zwei Schläge
(Nicht zurückgelegt, gilt nur die Grundstrafe)
Ball nicht wiedergefunden, anderen einsetzen

e. Durch Wind: Ball spielen wie er liegt, ... **straflos**
Ball vorher angesprochen, zurücklegen, ... **ein Strafschlag**
Nicht zurückgelegt, ... **Grundstrafe**

f. Straflos ist, wenn sich der Ball bewegt beim
- Nachmessen der Entfernung zum Loch (Regel 10-4.),
- Ball suchen (Regel 12-1.)
- Ausbessern von Lochpfropfen, Einschlaglöchern,
- Fortnehmen beweglicher Hemmnisse (Regel 24-1.),
- erlaubten Aufnehmen des Balls (Regel 20-1.),

Ball in Bewegung abgelenkt oder aufgehalten

Regel 19

a. Durch nicht zum Spiel Gehöriges
(ausgenommen Wurm oder Insekt): Schlag wiederholen, **straflos**
Für nicht wiederzufindenden Ball anderen einsetzen.

b. Durch Spieler, Partner, Caddie oder Ausrüstung
Lochspiel: . . . . **Lochverlust**
Zählspiel: Ball spielen wie er liegt, ... **zwei Strafschläge**
Kommt er auf Kleidung oder Ausrüstung zur Ruhe, an dem Punkt hinlegen, an dem er die unspielbare Lage einnahm.

c. Durch Gegner/Mitbewerber, Caddie oder Ausrüstung
Lochspiel: Ball spielen wie er liegt oder Schlag wieder holen, ... **straflos**
Zählspiel: Ball spielen wie er liegt, ... **straflos**

d. Durch anderen Ball : geschlagenen Ball spielen wie er liegt, den in Ruhe gelegenen zurücklegen, . . **straflos**
Lagen beide Bälle auf dem Grün, Spieler . . . **zwei Strafschläge**

STRAFE FÜR REGELVERSTOSS
Lochspiel - Lochverlust; Zählspiel - Zwei Schläge

Grün

Regel 16

a. Puttlinie darf nur berührt werden, wenn

(1) **Sand und loses Erdreich** oder andere lose hinderliche Naturstoffe aufgesammelt, und *nur* mit der Hand oder einem Schläger beiseite gefegt werden, ohne dabei irgend etwas niederzudrücken (hochgekratzte Gräser, Spikesmarks z. B.),

(2) **beim Ansprechen** der Schläger vor den Ball gestellt wird, ohne dabei irgend etwas niederzudrücken,

(3) **nachgemessen**, Ball aufgenommen, oder Ballmarker eingedrückt wird,

(4) **Lochpfropfen oder Balleinschlaglöcher** ausgebessert werden.

b. Prüfen der Oberfläche
Die Oberfläche des Grüns darf nicht dadurch geprüft werden, daß ein Ball gerollt, die Oberfläche aufgerauht oder aufgekratzt wird.

c. Über oder auf der Puttlinie stehen
Es darf kein Schlag aus einer Standposition gespielt werden, bei der der Spieler beiderseits der Puttlinie einschließlich der Verlängerung hinter dem Ball steht oder diese mit einem Fuß berührt.

d. Position von Caddie oder Partner
Der Spieler darf nicht dulden, daß - während er einen Schlag spielt - sein Caddie, Partner oder der Caddie seines Partners auf oder dicht an einer Verlängerung der Puttlinie hinter dem Ball steht.

e. Schlag spielen, während anderer Ball in Bewegung
Solange anderer Ball in Bewegung, darf der Spieler keinen Schlag spielen. Hätte er nach der Spielfolge zuerst spielen müssen, bleibt sein Verhalten **straflos**.

STRAFE FÜR REGELVERSTOSS
Lochspiel - Lochverlust; Zählspiel - Zwei Schläge

f. Ball ragt über Lochrand hinaus
Dem Spieler steht die Zeit zu, das Loch ohne vermeidbare Verzögerung zu erreichen, sowie weitere zehn Sekunden, um festzustellen, ob sich der Ball in Ruhe befindet.
Ist der Ball bis dahin nicht in das Loch gefallen, gilt er als in Ruhe befindlich. Fällt er anschließend ins Loch, gilt er als vom Spieler mit dem letzten Schlag eingelocht mit zusätzlich **einem Strafschlag.**

Flaggenstock

a. Bedienen mit Ermächtigung

Mit Ermächtigung darf der Spieler vor oder während des Schlags den Flaggenstock bedienen, entfernen oder zum Anzeigen des Lochs hochhalten lassen. Es gilt auch als Ermächtigung, wenn es mit Kenntnis des Spielers ohne seinen Einwand geschieht.

b. Bedienen ohne Ermächtigung

Ohne Ermächtigung darf der Flaggenstock nicht bedient, entfernt oder hochgehalten werden, während der Spieler einen Schlag ausführt oder sein Ball in Bewegung ist.

Erfolgt Bedienen dennoch und Ball trifft Flaggenstock, bedienende Person oder irgend etwas, das sie mitführt, muß der Ball **straflos** gespielt werden wie er liegt; war der Schlag auf dem Grün gespielt, Ball zurücklegen und Schlag wiederholen.

c. Ball trifft Flaggenstock oder bedienende Person

Nicht treffen darf der Ball des Spielers
(1) den Flaggenstock, während er mit Ermächtigung bedient, entfernt oder hochgehalten worden ist,
(2) die mit Ermächtigung bedienende Person oder irgend etwas, das sie mitführt; oder
(3) den unbedienten Flaggenstock, der im Loch steckt, sofern der Ball vom Grün aus gespielt worden war,
(von außerhalb getroffen - auch als Ballstopper benutzt - ist das Treffen des Flaggenstocks **straffrei**).

d. Ball kommt am Flaggenstock zur Ruhe

Der Flaggenstock darf bewegt oder entfernt werden. Fällt der Ball dabei ins Loch, gilt er als vom Spieler mit dem letzten Schlag eingelocht; andernfalls muß der Ball, wenn er bewegt worden ist, **straflos** am Lochrand hingelegt werden.

STRAFE FÜR REGELVERSTOSS
Lochspiel - Lochverlust; Zählspiel - Zwei Schläge

Bewegliches Hemmnis

(Harken, Pappbecher, Flaschen, Zigarettenstummel, zurückgegelassene Platzpflege- Werkzeuge und -Hilfsmittel, Eiswürfel u.a.m.)

Erleichterung wie folgt:

(1) **Ball liegt nicht in oder auf dem Hemmnis**: Hemmnis entfernen. Dabei bewegten Ball zurücklegen, sofern auf das Entfernen zurückzuführen; In anderen Fällen gilt Regel 18-2. "Ball in Ruhe bewegt",
straflos.

(2) **Ball liegt in oder auf dem Hemmnis**: Ball aufnehmen und das Hemmnis entfernen. Ball so nahe wie möglich der Stelle, wo er in oder auf dem Hemmnis lag, nicht näher zum Loch, hinlegen,
straflos.

Unbewegliches Hemmnis

(Zum Beispiel Draht und Seile zum Stützen von Bäumen, Sprengwasserauslässe).

Behinderung ist gegeben, wenn Ball darin oder darauf oder so dicht dabei liegt, daß Standposition des Spielers oder sein Schwung behindert sind.
Auf dem Grün auch dann, wenn sich ein unbewegliches Hemmnis auf die Puttlinie erstreckt.

Erleichterung: Ball aufnehmen und an die nächstgelegene Stelle hinlegen, die Behinderung ausschließt, nicht näher zum Loch,
straflos.

STRAFE FÜR REGELVERSTOSS
Lochspiel - Lochverlust; Zählspiel - Zwei Schläge

Lose hinderliche Naturstoffe Regel 23

sind natürliche Dinge, Bestandteile der Natur: Steine, Äste, Zweige, Blätter, Eicheln, Kot, Würmer, Insekten sowie von ihnen abstammende Haufen etc., die nicht angewachsen, befestigt und fest eingebettet sind und auch nicht am Ball haften, verdichteter Aushub zur Bodenbelüftung. Ferner (nur auf dem Grün) loses Erdreich und Sand ; Schnee und Eis (nicht Tau und Reif).

Erleichterung
losen hinderlichen Naturstoff entfernen, dabei bewegten Ball zurücklegen,
Straflos.

Ungewöhnliche Bodenverhältnisse Regel 25

Behinderung
durch zeitweiliges Wasser, Boden in Ausbesserung oder Loch, Aufgeworfenes oder Laufspur eines Erdgänge grabenden Tieres, eines Reptils oder Vogels, ist gegeben, wenn

(1) ein Ball in einem solchen Umstand liegt oder ihn berührt,
(2) die Standposition des Spielers oder
(3) sein beabsichtigter Schwung behindert wird.
(Auf dem Grün ist Behinderung auch dann gegeben, wenn sich dieser Umstand auf die Puttlinie erstreckt).

Erleichterung
Ball aufnehmen und an die nächstgelegene Stelle hinlegen, die Behinderung bestmöglich ausschließt; nicht näher zum Loch,
straflos.

STRAFE FÜR REGELVERSTOSS Regel 23 und 25
Lochspiel - Lochverlust; Zählspiel - Zwei Schläge

NOTIZEN

REGISTER